POLYGLOTT on tour

Frank R. Holl

Malaysia

D1665308

 Top 12   Restaurant

 besonderer Tipp   Unterkunft

 Warnung   Nightlife

 Info   Shopping

 Hinweis   Literatur

POLYGLOTT-Top Umschlagklappe vorne

Allgemeines

Städte- & Gebietsbeschreibungen

Kuala Lumpur – Metropole der Kontraste

Das wirtschaftliche, kulturelle und politische Zentrum des
Landes überrascht durch seine Kontraste: gigantische
Hochhaustürme, ein altes Chinesenviertel, lebhafte Märkte
und grüne Oasen.

Penang – Die Perle des Orients Seite 40

In Georgetown, dem traditionsreichen Hafen an den Handelsrouten zwischen Ost und West, pulsiert asiatische Geschäftigkeit. Die Insel mit ihren Stränden, beschaulichen Dörfern und grünen Bergen bietet viel Abwechslung.

Langkawi – Archipel der Legenden Seite 49

Die über 100 Inseln und Inselchen am Ausgang der Straße von Melaka laden mit ihren feinsandigen Sandstränden so richtig zum Ausspannen und Abschalten ein.

Taman Negara – Das grüne Herz Malaysias Seite 53

Der riesige Nationalpark im Landesinnern bietet Naturliebhabern unvergessliche Einblicke in ein empfindliches Ökosystem: den ältesten Regenwald der Erde.

Sabah – Gipfelstürmer, Korallenfische und Orang-Utans Seite 56

Die Vielfalt des Landes unter dem Wind: Bergtouren zum höchsten Gipfel Südostasiens, Ausflüge in die tropischen Unterwasserwelten, farbenprächtige Dorfmärkte und eine Urwaldschule für Orang-Utans.

Sarawak – Langhäuser und Riesenhöhlen Seite 63

Auf Entdeckungsreise durch das geheimnisvolle Land des Nashornvogels. Ein Iban-Häuptling lehrt den Umgang mit dem Blasrohr. Das größte Höhlensystem der Erde birgt einen Garten Eden.

Touren

Tour 1

Teeplantagen und Palmenstrände Seite 72

Von Kuala Lumpur ins Bergland der Cameron Highlands und zu den Traumstränden der Insel Pangkor – eine kontrastreiche Reise.

*Blick auf die Petronas Twin Towers
in Kuala Lumpur*

Bildnachweis

Alle Fotos Südostasien Bildarchiv/Renate Loose außer Bildagentur Huber/Iovio Gianni: 5; Annette Buchhaupt: Umschlagrückseite (unten); Siegmar Hohl: 42-2; Frank Holl: 2-1, 39, 41, 50, 55, 57-2, 67, 86, 91, 97; Volkmar Janicke: 33, 42-1, 47, 64, 76, 84, 94, Umschlagrückseite (oben); Markus Kirchgeßner: 26, 61, 66, 71; laif/Henseler: 32; laif/C. Piepenburg: 6-1, 15-1, 73-1; laif/REA: 7; laif/M. Sasse: 31-1; Klaus Thiele: 28, 56; Titelbild: Siegmar Hohl.

Auf den Spuren der
Kolonialherren

Die Straits Settlements

Um seine Vormachtstellung auf den Meeren Südostasiens zu behaupten, begann 1867 das britische Empire von der malaiischen Halbinsel Besitz
zu ergreifen und schloss Penang, Malakka und
Singapur zur Kronkolonie der Straits Settlements
zusammen. Das Handelszentrum Malakka hatte
im 16. Jahrhundert unter portugiesischer Herrschaft seine Blütezeit erlebt und stand bereits
unter den nachfolgenden Holländern im Schatten
von Batavia (heute: Jakarta). Für die großen Handelsschiffe der englischen »East India Company«
waren die Häfen von Penang und Singapur weit
besser geeignet. Dort entstanden neue Verwaltungsgebäude, Kirchen und Schulen, repräsentative Villen und Handelskontore.

⭐ Im **Carcosa**
im Westen
der Lake Gardens in Kuala
Lumpur, der einstigen
Residenz des höchsten
britischen Verwaltungs-
beamten, können Sie
heute übernachten.

Das berühmte **E&O Hotel** in Georgetown (s. S. 40)
ist nur einer von vielen erhaltenen Kolonialbauten. Interessant sind auch die vielen Gräber von
Europäern auf dem **christlichen Friedhof** in
Georgetown (Jl. Sultan Ahmad Shah), wo auch
1789 Sir Francis Light begraben wurde. Die **Bank-
gebäude** am Padang in Ipoh künden noch heute
vom Wohlstand der einstigen Kolonialmacht.

Hillstations

Als zu Beginn des 20. Jhs. die Bergwelt im Hinterland durch Straßen erschlossen wurde, eröffneten sich den hitzegeplagten englischen Verwaltungsbeamten, Minen- und Plantagenaufsehern völlig neue Möglichkeiten. In den kühlen Bergen entstanden prächtige Landhäuser und gepflegte Golfplätze – und sogar das Wetter gibt sich ziemlich englisch. Die erste kleine Hillstation war **Maxwell Hill** (Bukit Larut) bei Taiping – wo man heute wohnen und eine schöne Aussicht genießen kann –, die größten sind die noch heute beliebten Urlaubsziele **Fraser's Hill** und die **Cameron Highlands**. Very british können Sie z. B. in den Cameron Highlands am Kaminfeuer sitzen und den Fünf-Uhr-Tee bei *scones* mit hausgemachter Erdbeermarmelade genießen.

Die Eisenbahn

Schnellstraßen und Autobahnen haben schon lange der Eisenbahn den Rang abgelaufen, doch noch immer zeugen **repräsentative Bahnhöfe** von ihrer einstigen Bedeutung. In Kuala Lumpur und Ipoh entstanden zu Beginn des 20. Jhs. wahre Eisenbahn-Paläste im maurischen Stil, die unter ihrem gewaltigen Dach den Reisenden zudem die Möglichkeit boten, sich vor ihrer Weiterreise zu stärken und zu übernachten.

▮ Im holzgetäfelten Treppenaufgang zum verblichenen **Heritage Station Hotel** (Tel. 2273 5588, www.heritagehotelmalaysia.com) in Kuala Lumpur bezeugt ein Foto vom Besuch der jungen Queen seine einstige Größe. In der Bar im 2. Stock haben sich seit den 1950er-Jahren kaum mehr Dinge als die Biersorten geändert.
▮ Nostalgiker sollten es nicht versäumen, den **Time Tunnel** (Tel. 012/889 8438) 1,5 km nördlich von Brinchang in den Cameron Highlands zu besuchen. In dem privaten Museum lässt Mr. See die goldenen Jahre der Highlands zur Zeit der britischen Kolonialherrschaft wieder aufleben.

▮ **Ye Olde Smokehouse**, am Golfplatz, Tel. in den Cameron Highlands: 05/491 1215, www.the smokehouse.com.my Boutiquehotel im Tudor-Stil, Besucher in legerer Freizeitkleidung sind unerwünscht. Filiale in Fraser's Hill. ◯◯◯
▮ **Cendana Hut,** auf dem Bukit Larut (Maxwell Hill), zu buchen über Tel. 05/806 1777. Der Bungalow aus britischer Kolonialzeit in 1128 m Höhe (6 Zimmer) wurde so authentisch wie möglich komplett renoviert. ◯◯

★ Wieder aufgemöbelt wurde der **Eastern & Oriental Express**, der zweimal wöchentlich zwischen Singapur und Bangkok verkehrt (s. S. 29).

In Malaysia scheint die eine Hälfte der Bevölkerung damit beschäftigt zu sein, für die andere Hälfte zu kochen. Dank der Essstände ist Essengehen kein Luxus, und so wird überall in Woks, Töpfen, Bambuskörben, Kesseln und Tonöfen am Straßenrand gekocht, gedämpft, gegrillt und gebrutzelt.

Manches wird bereits vorgekocht, das meiste aber erst nach der Bestellung in den mobilen Küchen zubereitet. Während die Köche früher ihre gesamte Küche samt Zutaten an Bambusstangen über der Schulter durch die Straßen trugen, übernehmen heute Karren, die manchmal an Motorräder angebaut sind, den Transport, denn mobil müssen sie sein. Die meisten Stände werden nur für einige Stunden bewirtschaftet, meist am Abend, aber auch früh morgens.

Den **Straßenköchen** in den Wok geschaut

Hawker Food – lauter Köstlichkeiten

Jeder Essensstand hat seine Spezialität und Stammkundschaft, und das Rezept für so manches Gericht wird von Generation zu Generation weitervererbt.

In Malaysia werden die besten Essstände wie Geheimtipps gehandelt, und manch einer fährt für eine leckere Nudelsuppe kilometerweit. Die Vielfalt des Angebots ermöglicht Ihnen, oft nur wenige Meter voneinander entfernt, auf kulinarische Entdeckungsreise zu gehen.

Die besten Hawker-Gerichte:

So sind es beispielsweise die Kantonesen, die **Wantan Mie** (Nudelsuppe mit gefüllten Teigtaschen) kochen, Hainanesen, die den besten **Chicken Rice** (in Hühnerbrühe gekochter Reis mit Fleisch, Gurke und Ingwersoße) zubereiten, muslimische Inder, die knuspriges **Roti Canai** (Fladenbrot mit Currysoße als Beilage) backen, und es braucht schon einen Malaien, um die würzigen **Satay** (s. S. 25) zu grillen.

- **Hokkien Mie** (Nudelsuppe mit Sprossen, Fleischstückchen u. a. in einer klaren Brühe)
- **Lok Lok** (auf Holzstäbchen gespießte Zutaten werden in einer Brühe gegart)
- **Laksa** (dicke, meist etwas säuerliche Nudelsuppe auf Fischbasis mit zahlreichen Zutaten und vielen Varianten, sehr lecker in Penang, Kuching und Melaka)
- **Mie Goreng** (gebratene gelbe Nudeln, malaisch; **Char Koay Teow**, mit flachen Nudeln, chinesisch)
- **Murtabak** (mit Gemüse, Fleisch oder Ei gefülltes und gebackenes Fladenbrot)
- **Nasi Kandar** (Reis mit Currys, Gemüse, Fleisch und anderen Zutaten)
- **Rojak** (Gurke, Ananas, grüne Mango, Tintenfisch u. a. in einer dunklen Erdnusssoße)

Hawker neben Hawker

Groß ist das Angebot auf Nachtmärkten und in Hawker Centres, wo zahlreiche Köche miteinander konkurrieren. Auch in einfachen, offenen Coffeeshops untervermieten die Besitzer Plätze an verschiedene Hawker mit ihren Spezialitäten und konzentrieren sich auf den Verkauf von Getränken. Ein ganzes Stockwerk für Hungrige gibt es in vielen Einkaufszentren – nehmen Sie an irgendeinem der Tische Platz und ordern an den Ständen nach Lust und Laune. Was von welchem Koch kam, lässt sich am Geschirr leicht feststellen, so dass auch das Bezahlen kein Problem ist. Für die Getränke gibt es natürlich ebenfalls eigene Stände.

▌**Ipoh**: Das Ipoh Food Centre in der Jl. Clarke und das Kong Hing Food Centre in der Jl. Leech.
▌**Kota Bharu**: Auf dem zentralen Nachtmarkt (malaiisch) und in der Jalan Datuk Tahwil Azar (chinesisch).
▌**Kota Kinabalu**: Im 6. Stock des Wisma Merdeka, im Untergeschoss des Karamunsing Kompleks, und auf dem Pasar Malam.
▌**Kuala Lumpur**: In der Chinatown und Jl. Alor (Parallelstraße zur Jl. Bukit Bintang), im KLCC im 4. Stock und in Bangsar nahe der Moschee.

In Penang hat der Stand mit dem besten **Nasi Kandar** vor der Kapitan-Keling-Moschee seit Generationen nur von 2.30 Uhr nachts bis nachmittags geöffnet.

▌**Kuching**: Im Untergeschoss des Medan Pelita und vor dem Tempel in der Carpenter Street. Sehr gut für Seafood der Top Spot Food Court auf dem Dach des Parkhauses in der Jalan Mata Bukit Kuching.
▌**Melaka**: An der Jl. Bendahara, der Jl. Kwee Ann und im Newton Food Centre.
▌**Penang**: In der Lebuh Carnavon, Lebu Cintra, Lebuh Kimberley und am Gurney Drive.

Erlebnis tropischer
Regenwald

▮ Wer die Natur in aller Ruhe genießen möchte, kann über das **National Parks & Wildlife Booking Office** Unterkünfte im Bako National Park, Matang Wildlife Centre, Kubah National Park und Gunung Gading buchen (Kuching, Sarawak, neben dem Visitors Information Centre im Old Court House, Tel. 082/410 942).

▮ In Sabah können Unterkünfte im Kinabalu National Park und in Poring über **Sutera Sanctuary Lodges**, s. S. 11, gebucht werden. Touren organisiert u. a. **Borneo Eco Tours**, 12A, Lorong Bernam 3, Taman Soon Kiong, Kota Kinabalu, Tel. 088/438 300, www.borneoecotours.com.

Wer erliegt nicht dem Mythos des schier undurchdringlichen Dschungels, Kathedralen von üppigem Grün voller Gefahren, Begegnungen mit wilden Tieren und schweißtreibende Expeditionen in drückender Schwüle? Wer möchte nicht als Besucher Malaysias den Mythos erleben? Einen Eindruck davon können Sie nicht nur auf Borneo, sondern auch im Landesinneren der malaiischen Halbinsel bekommen.

Außergewöhnliche Begegnungen

Orang-Utan-Rehabilitationszentren in Sepilok (Sabah), das Matang Wildlife Centre und Semenggoh bei Kuching (Sarawak), bieten die Möglichkeit, die beeindruckenden **Orang Utans** ganz aus der Nähe zu beobachten.

Im Bako National Park bei Kuching kann man auf Tageswanderungen durch den Karangas-Wald auf dem Hochplateau **Kannenpflanzen** entdecken.

Im Osten Sabahs werden Bootstouren auf dem Kinabatangan-Fluss in den Tieflandregenwald, in dem **Nasenaffen** leben, veranstaltet. Diese seltenen Tiere leben auch im Bako National Park.

Im Gunung Gading National Park in Sarawak und nahe Poring, Sabah, wächst die **Rafflesia**, die größte Blüte der Welt.

Hängehochbrücken,
Flussfahrten oder Klettertouren?

Ursprüngliche Wälder liegen nur selten vor den Toren der Urlauberresorts, wie in Datai (Insel auf der Langkawi), und dem Tiger wird man sicherlich nicht auf gut besuchten Wanderwegen begegnen, auch nicht im Taman Negara.

Wer Tiere in freier Wildbahn sehen will, fährt besser in die Nationalparks **Kenong Rimba** oder **Endau Rompin**, braucht aber selbst dort viel Zeit und Geduld. Doch wer sich auch an Hunderten bunter Schmetterlinge und Vögel, ungewöhnlichen Insekten und einer vielfältigen Vegetation erfreuen kann, hat eine breite Palette an Möglichkeiten.

Gute Aus- und Einblicke bieten zum Beispiel **Canopy Walkways,** Hängehochbrücken im Taman Negara (s. S. 54), im FRIM (s. S. 72) und bei den Poring Hot Springs (s. S. 60) oder **Fahrten auf Dschungelflüssen** im Taman Negara oder Gunung Mulu National Park. Selbst im Taman Negara und Gunung Mulu brauchen Besucher nicht auf Komfort zu verzichten, zudem bieten dort Höhlen und Berggipfel Sportlichen eine echte Herausforderung. Der tropischen Schwüle des Tieflandregenwaldes entgehen Sie in den kühlen Höhenlagen des **Kinabalu National Park** oder der **Cameron Highlands** (s. S. 72), wo Sie wandern und sich in komfortablen Unterkünften erholen können.

▐ **Seridan Mulu** 273 Brighton Centre, Jl. Temenggong Oyong Lawai, Tel. 085/415 582, Fax 416 066, www.seridanmulu.com, organisiert für Kletterer, Bergsteiger, Naturfreunde und Erholung Suchende die richtige Tour in den Gunung Mulu National Park.
▐ Kinabalu, Tungku Abdul Rahman National Park und Poring: **Sutera Sanctuary Lodges,** The Magellan sutera, 3. Stock, 1 Sutera Harbour Blvd., Kota Kinabalu, Tel. 088/318 888, Fax 303 337, www.suterasactuarylodges.com

▐ Kenong Rimba National Park: **Tuah Travels & Tours** im Bahnhof von Kuala Lipis, Tel. 09/312 3277, kenongrimba@hotmail.com
▐ Endau Rompin National Park: **Johor National Parks Corp.,** Johor Bahru, Tel. 07/788 2812, www.johorparks.com

Vielfalt unter dem Halbmond

Lage

Das Staatsgebiet besteht aus zwei Landesteilen, die durch das Südchinesische Meer über 600 km voneinander getrennt sind: West-Malaysia, offiziell *Peninsular Malaysia,* und Ost-Malaysia mit den beiden Bundesstaaten Sarawak und Sabah auf der Insel Borneo. Auf der Gesamtfläche von 330 000 km² leben 28 Mio. Menschen.

Landschaft

An den Küsten West-Malaysias dehnen sich Sumpfgebiete und Mangrovenwälder aus. Die sich anschließende Ebene, die im Westen der Halbinsel bis zu 60 km, an der Ostküste oft nur 20 km breit ist, liegt nur wenige Meter über dem Meeresspiegel. Die fruchtbaren Schwemmböden sind ertragreiche landwirtschaftliche Anbaugebiete. Endlose Plantagen prägen das Bild der Küstenebenen; nur im Norden sieht man noch saftig grüne Reisfelder. An den Küsten konzentrieren sich auch die wirtschaftlich bedeutenderen Städte und Industriezentren. Aus dem Tiefland ragen imposante Kalksteinfelsen empor, in deren Innern sich z. T. umfangreiche Höhlensysteme gebildet haben. Die Mitte der Malaiischen Halbinsel wird von Nord nach Süd von mehreren parallelen Gebirgszügen durchzogen. Große Gebiete des Berglands sind noch immer unerschlossen, bedeckt mit nahezu undurchdringlichem Regenwald.

Die Landschaften Sabahs und Sarawaks sind im Vergleich zu West-Malaysia weniger kleinräumig gegliedert. Aber auch hier ist die prinzipielle Unterscheidung in Küstentiefebenen, Hügel- und Bergland möglich. Im Inneren Borneos sind neben den großen Urwaldflüssen zunehmend die Holzfällerstraßen wichtige Transportwege. Im Norden erhebt sich das mächtige Granitmassiv des Gunung Kinabalu mit 4095 m Malaysias höchster Berg.

Steckbrief

- **Fläche:** 329 760 km², davon West-Malaysia 131 600 km², Ost-Malaysia 198 160 km².
- **Größter Bundesstaat:** Sarawak 121 900 km².
- **Kleinster Bundesstaat:** Perlis 795 km².
- **Einwohner:** 28 Mio.; jährliches Bevölkerungswachstum: 1,8 %.
- **Nationalsprache:** Bahasa Malaysia; Englisch ist Handelssprache.
- **Staatsreligion:** Islam, aber Religionsfreiheit für alle Bürger.
- **Höchster Berg:** Gunung Kinabalu (4095 m).
- **Größte Städte:** Großraum Kuala Lumpur mit Klang Valley (5 Mio. Einw.), Ipoh (640 000), Johor Bharu und die South Pacific Region (2 Mio. Einw.).

Klima und Reisezeit

Malaysia liegt in der Klimazone der Inneren Tropen. Die Temperaturen fallen im Tiefland nie unter 20 °C. Die täglichen Schwankungen (32 °C nachmittags, 22 °C nachts) sind größer als die jahreszeitlichen. Lediglich in Höhenlagen kühlt es während der Nacht merklich ab. Gleichmäßig hoch ist auch die Luftfeuchtigkeit, die um 80 % beträgt, in der Regenzeit aber auf über 90 % ansteigen kann.

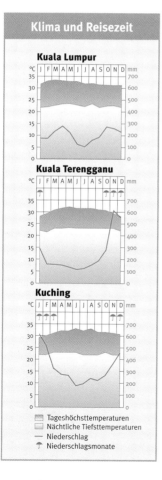

Die Menge der Niederschläge wird maßgeblich von den Monsunwinden bestimmt, die im Sommer von Südwesten und im Winter von Nordosten her wehen. Die jahreszeitlich wechselnden Winde erklären auch den klimatischen Unterschied zwischen Ost- und Westküste der Malaiischen Halbinsel. Während die Westküste im Regenschatten von Sumatra vom sommerlichen Südwestmonsun nur schwach erfasst wird, trifft der Nordostmonsun im Winter vom offenen Meer her auf die Ostküste und führt dort zu heftigen, lang anhaltenden Regenfällen. Auch in Sabah und Sarawak fallen über das ganze Jahr verteilt Niederschläge. An zwei von drei Tagen gehen heftige Gewitterregen nieder. Vor allem zwischen Oktober und Februar regnet es in den Küstenregionen von Sandakan und Kuching sehr viel.

Am besten bereisen Sie die Westküste der Malaiischen Halbinsel von Dezember bis April und im Juni/Juli, die Ostküste und das Landesinnere zwischen März und August. Die Chance auf Sonne ist in Sarawak und Sabah von März bis Oktober am größten.

Bevölkerung und Religion

Angehörige von drei großen asiatischen Kulturkreisen, dem indischen, dem chinesischen und dem malaiischen, bilden ein buntes Völkergemisch, das dem Land seinen multikulturellen Charakter verleiht. Die verschiedenen Bevölkerungsgruppen haben einige Gemeinsamkeiten. So sind Gastfreundschaft und Familiensinn für alle Malaysier selbstverständlich, ebenso Gelassenheit und Geduld, mit denen sie den Alltag zu meistern verstehen.

Malaien

Die größte Bevölkerungsgruppe stellen mit 65 % die Malaien und verwandte Völker, die unter der Bezeichnung **Bumiputeras** (»Söhne der Erde«) zusammengefasst werden. Dazu zählt man offiziell auch die **Orang Asli**, die Ureinwohner der Malaiischen Halbinsel, und die Völker Borneos.

Die Mehrzahl der Malaien bekennt sich zum Islam und spricht **Bahasa Malaysia.** Die offizielle Staatssprache, die auch alle Kinder in der Schule lernen, ist nahezu identisch mit Bahasa Indonesia, der Staatssprache Indonesiens.

Wichtiges Element malaiischer Alltagskultur war und ist das Gemeinschaftsleben im *kampung,* dem traditionellen Dorf. Die Gebote des Korans bestimmen noch weitgehend den Alltag, auch wenn in Industriezentren und Großstädten zunehmend westliche Verhaltensweisen besonders von der jüngeren Generation übernommen werden.

Inder

Die Malaysier indischer Abstammung haben ihre Wurzeln meist im südlichen Indien oder in Sri Lanka. Die englischen Kolonialherren holten im 19. Jh. Tausende als Arbeitskräfte ins Land. Fast alle bekennen sich zum Hinduismus mit seiner Vielzahl an Göttern, von denen Brahma, Shiva und Vishnu die bedeutendsten sind. Das Kastenwesen, wie es in Indien praktiziert wird, spielt innerhalb der indischen Gemeinschaft Malaysias allerdings kaum noch eine Rolle.

Chinesen

Die Angehörigen der chinesischen Volksgruppe Malaysias sind zu einem Großteil Nachfahren von Kulis, die im 19. Jh. aus den von Hungersnöten geplagten Südprovinzen Chinas ins Land kamen. Noch heute sprechen viele den jeweiligen Dialekt der Heimatprovinzen ihrer Vorfahren, wie **Hokkien, Hakka, Kanton** oder **Hainan.** Untereinander verständigen sie sich zumeist in **Mandarin,** dem Hochchinesisch, oder auf Englisch. Der überwiegende Teil der Chinesen fühlt sich den Lebensphilosophien des Konfuzianismus und Daoismus, aber auch dem Buddhismus verbunden. Oftmals werden in ein und demselben Tempel Götter und Geister der verschiedenen Glaubensrichtungen verehrt. Einen hohen Stellenwert hat die Verehrung der Ahnen.

In den Großstädten stellen die Chinesen die Bevölkerungsmehrheit. Ihr Fleiß und ihr ausgeprägter Geschäftssinn führten dazu, dass sie weite Teile der Wirtschaft dominieren. Die Chinatowns mit den typischen zweigeschossigen *shop houses* (Laden im Erdgeschoss, Wohnung und Lager im 1. Stock) waren die traditionellen Wirtschaftszentren der Städte. Handel und Industrie werden noch immer überwiegend von Chinesen beherrscht.

Zugehörigkeit

Etwa 26 % der Einwohner Malaysias sind chinesischer und 8 % indischer Abstammung. Die Bezeichung Malaysier besagt lediglich, dass es sich um einen Staatsbürger Malaysias handelt, klärt aber nicht die ethnische Zugehörigkeit. Das bedeutet, dass nicht jeder Malaysier Malaie ist, und nicht alle Malaien auch Malaysier sein müssen. Sie können genauso gut Staatsbürger Indonesiens, Singapurs, Thailands oder Bruneis sein.

Konflikte

Die wirtschaftliche Dominanz der Chinesen, an der auch staatliche Wirtschaftsförderprogramme für Bumiputeras nichts ändern konnten, führte zu einem Spannungsverhältnis zwischen den Bevölkerungsgruppen. Die Erinnerung an die schweren Rassenunruhen zwischen Malaien und Chinesen von 1969 sind im Bewusstsein der Menschen noch sehr lebendig: Als nach dem Wahlerfolg chinesischer Kandidaten die malaiische Bevölkerung befürchtete, auch noch im politischen Leben an den Rand gedrängt zu werden, eskalierte der aufgestaute Hass gegen chinesische Geschäftsleute und machte sich in Plünderungen und blutigen Straßenschlachten Luft. Die Regierung steht immer wieder vor dem Problem, den latenten Konflikt zwischen den ethnischen Gruppen zu entschärfen und muss zudem in den eigenen Reihen fundamentalistische Strömungen auffangen.

Bevölkerungsgruppen in Ost-Malaysia

In Sarawak und Sabah ist die Zusammensetzung der Bevölkerung noch komplexer als in West-Malaysia. Malaien, Chinesen und Inder haben sich zwar auch auf Borneo angesiedelt, aber die ursprünglichen Bewohner stellen noch immer die Mehrheit. Die größte der Volksgruppen Sarawaks sind mit etwa 50 % der 2,4 Mio. Einwohner die **Dayak.** Diese lassen sich in zahlreiche Untergruppen unterteilen, darunter die Völker der Iban, Melanau, Bidayuh, Orang Ulu und Penan. Die 3 Mio. Einwohner Sabahs gliedern sich in 72 Volksgruppen mit jeweils eigener Kultur und Sprache. Die größte Gruppe bilden die **Kadazan-Dusun** (18 %), die v. a. im Westen Sabahs leben. Andere größere Volksstämme sind die **Murut, Suluk** und

Bajau. Viele Angehörige der Völker Borneos folgen noch ihren traditionellen Stammesreligionen, in denen die Geister des Waldes eine ganz besondere Bedeutung haben. Andere Gruppen sind zum islamischen oder christlichen Glauben übergetreten.

Staat und Politik

Malaysia ist eine Wahlmonarchie auf parlamentarisch-demokratischer Grundlage. Das Land gliedert sich in 13 Bundesstaaten, darunter neun Sultanate. Die Hauptstadt Kuala Lumpur ist ein eigener Bundesdistrikt. Staatsoberhaupt ist der *Yang di-Pertuan Agong,* der König, der alle fünf Jahre von den Sultanen aus den eigenen Reihen gewählt wird. Allerdings besitzt er keine politische Macht. Amtierender König ist seit 2007 der Sultan von Terengganu.

Die Verfassung garantiert Grundrechte wie Religionsfreiheit, Gleichheit vor dem Gesetz und Versammlungsfreiheit. Aufgrund des »*Internal Security Act*« können Bürgerrechte von der Polizei im Einzelfall jedoch eingeschränkt werden.

Malaysia hat ein Mehrparteiensystem. Die Barisan Nasional (Nationale Front), ein Koalitionsbündnis der malaiischen UMNO (United Malay National Organization) mit kleineren Parteien, stellt seit Jahrzehnten die Regierung. Bis zu seinem Rücktritt 2003 prägte über 22 Jahre lang der Parteivorsitzende der UMNO, Dr. Mahatir Mohammad, die Geschicke des Landes. Als Verfechter eines eigenen »asiatischen Entwicklungsweges« ohne Einmischung westlicher Nationen konnte sich Mahatir international profilieren, geriet aber wegen seiner wirtschaftspolitischen Entscheidungen unter Kritik.

Der zwischen dem internationalen Airport KLIA und Kuala Lumpur aus dem Boden gestampfte Multimedia Super Corridor mit dem Wirtschaftszentrum Cyberjaya und der futuristischen Verwaltungshauptstadt Putrajaya haben Mahatir ein Denkmal gesetzt. Sein Nachfolger Abdullah Achmad Badawi versprach frischen Wind durch eine Anti-Korruptionspolitik und errang bei Neuwahlen im April 2004 eine Zwei-Drittel-Mehrheit für die UMNO. Viele Versprechen wurden jedoch nicht umgesetzt, was vor allem bei der städtischen Bevölkerung zunehmenden Unmut hervorrief. Beim Wahlkampf im April 2008 unterstützten alle Medien die Regierungsparteien. Dennoch konnte ein oppositionelles Zweckbündnis aus islamischer PAS, chinesischer DAP und der neuen Gerechtigkeitspartei PKR des charismatischen Anwar Ibrahim seine Ideen dank Internet und SMS verbreiten. Die UMNO verlor nicht nur ihre absolute Mehrheit, sondern auch vier Staaten an die Opposition.

Die Sultane

Ihr Wort war Gesetz und ihre Autorität unantastbar: Die Sultane waren die absoluten Herrscher über ihr Volk. Selbst die englische Kolonialmacht achtete den regionalen Einfluss der Herrscher, verlangte aber Zusammenarbeit. Heute haben die Sultane nur noch repräsentative Funktionen. Als Oberhäupter der muslimischen Gemeinschaft blieb ihnen aber die Autorität in Glaubensfragen. Retten konnten sie auch ihren exklusiven Lebensstil: Ihre modernen Paläste sind mit allen Annehmlichkeiten ausgestattet. Die kunsthandwerklich meisterhaften alten Residenzen sind zum Teil für Besucher zugänglich. Skandale haben den guten Ruf der Sultane beschädigt. Als bekannt wurde, dass der Herrscher von Johor einen seiner Bediensteten aus nichtigem Grund mit dem Golfschläger verprügelt hatte, berief er sich auf seine gesetzliche Immunität, was das Volk empörte. Heute unterstehen die Sultanen ohne Sonderrechte den Gesetzen des Staates.

Wirtschaft

Die **Landwirtschaft** spielt traditionell eine große Rolle. Auch wenn nur noch 13 % des Bruttoinlandsproduktes vom Agrarsektor erwirtschaftet werden, so ist dort noch jeder vierte Erwerbstätige beschäftigt. Malaysia ist einer der weltgrößten Exporteure für Rohkautschuk und der weltgrößte Produzent und Exporteur von Palmöl, das auch für Biodiesel verarbeitet wird. Seit die Erlöse aus dem Holzeinschlag zurückgehen, setzt man zunehmend auf die Ölpalme und rodet für gigantische Plantagen viele der verbliebenen Sekundärwälder.

Der Anbau anderer Kulturpflanzen wie Kakao, Früchte und Pfeffer, wird staatlich gefördert, um die Abhängigkeit von Monokulturen zu verringern.

Malaysia zählt zu den größten Exporteuren tropischer Hölzer. Der Einschlag von **Tropenhölzern** (s. S. 20) spielt insbesondere in Ost-Malaysia noch immer eine wichtige ökonomische Rolle. Die meisten Dschungelgebiete sind bereits durch Abholzung zerstört. Nationale und internationale Umweltschutzgruppen fordern seit langem den Stopp des ökologischen Raubbaus, blieben damit aber bislang erfolglos.

Die wichtigsten Bodenschätze des Landes sind **Erdgas** und **Erdöl**. Die Offshore-Vorkommen spielen eine bedeutende Rolle im Industrialisierungsprozess Malaysias. Knapp 6 % der Exporteinnahmen stammen aus Rohölverkäufen. Städte wie Kuantan oder Kerteh an der west-malaysischen Ostküste, aber auch Miri und Bintulu in Sarawak haben sich erst durch die Erdölindustrie zu Wirtschaftszentren entwickelt.

Bereits die Hälfte des Volkseinkommens wird vom **Industriesektor** erwirtschaftet. Die Elektronikindustrie gilt als erfolgreichste Branche. Malaysia ist weltweit einer der größten Produzenten von Halbleitern, den Grundbausteinen der Computertechnologie. Die Palette der Industriegüter, die in alle Welt exportiert werden, reicht von Autoreifen bis zu Waschmaschinen, Klimaanlagen und Pkws – »Proton« heißt der »Volkswagen« Malaysias.

Vom Rohkautschuk zum Latex

Die Erfolgsstory des Kautschuks in Malaysia liest sich fast wie ein Krimi. Trotz eines strikten Exportverbots der brasilianischen Regierung – das Land hatte das Anbaumonopol – gelang im 19. Jh. der Schmuggel von Samen des Gummibaums *(Hevea brasiliensis)* aus dem Amazonasgebiet nach Südostasien. Der Bedarf in der Autoreifenindustrie machte den Rohstoff bald weltweit heiß begehrt. Britische Farmer pflanzten die ersten Kautschukbäume im damaligen Malaya und verdrängten rasch die brasilianischen Anbieter vom Weltmarkt. Das Land stieg zum größten Produzenten von Rohkautschuk auf.

Am Produktionsverfahren hat sich seitdem kaum etwas geändert. Wenn der Baum sechs Jahre alt ist, wird die Rinde mit einem scharfen Messer angeritzt, und der herausfließende milchige Latex, etwa $1/4$ l in rund 3 Tagen, in einer Schale aufgefangen. Mittels chemischer Zusätze wird der Saft eingedickt, gepresst und getrocknet.

Noch immer stammt ein Viertel der Weltproduktion an Rohkautschuk aus Malaysia. Neben internationalen Konzernen bewirtschaften private Familienbetriebe mit nur wenigen Hektar Land einen Großteil der Anbauflächen. Als die Weltmarktpreise auf Grund der synthetischen Herstellung von Gummi erheblich sanken, wurden zahlreiche Plantagen auf andere Produkte umgestellt, manche wurden verpachtet oder verkauft, um neuen Industriegebieten, Wohnvierteln und bisweilen Golfplätzen Platz zu bieten.

Geschichte im Überblick

Um 1300 Indische und arabische Händler bringen den Islam nach Südostasien.

um 1400 Gründung von Malakka.

1511 Portugiesen erobern Malakka, das ein wichtiger Stützpunkt ihres Kolonialreiches in Asien wird.

1641 Holländer besetzen Malakka für fast 200 Jahre.

1786 Francis Light erwirbt Penang für die East India Company. Damit beginnt die englische Kolonialzeit.

1824 Die Holländer tauschen mit den Engländern Malakka gegen Gebiete auf Sumatra.

1857 Chinesische Zinnschürfer gründen ein Bergbaucamp an einer schlammigen Flussmündung, die dem Ort den Namen gibt: Kuala Lumpur.

1867 Die britischen Militärstützpunkte Singapur, Malakka und Penang werden zu den Straits Settlements zusammengefasst.

1888 England erwirbt Besitzungen auf Borneo (British North Borneo, Sarawak befindet sich in Privatbesitz der englischen Handelsfamilie Brooke).

1896 Perak, Selangor, Negri Sembilan und Pahang schließen sich unter englischer Oberhoheit zum Malaiischen Staatenbund zusammen.

Um 1900 Tausende indischer Arbeiter werden als Tagelöhner für Plantagenbewirtschaftung und den Eisenbahnbau ins Land geholt.

1942–1945 Japanische Besatzung.

1948–1960 Ausnahmezustand zur Bekämpfung der kommunistischen Guerillaverbände, die mit Terroranschlägen die Wirtschaft lahm legen, um die Briten in die Knie zu zwingen.

1957 Die Sultanate der Halbinsel werden als Malaya von Großbritannien in die Unabhängigkeit entlassen.

1963 Malaya, Singapur, Nordborneo (heute Sabah) und Sarawak schließen sich zum Bundesstaat Malaysia zusammen.

1965 Singapur verlässt den Bundesstaat und gründet eine Stadtrepublik.

1969 Blutige Unruhen zwischen Malaien und Chinesen stürzen das Land in eine schwere Krise.

1970 Die *New Economic Policy* soll die malaiische Bevölkerung stärker an der Wirtschaftsentwicklung beteiligen.

1981 Dr. Mahatir Mohammad wird Premierminister. Sein Regierungsprogramm sieht den Ausbau der Industrie vor: Im Jahr 2020 soll Malaysia eine Industrienation sein.

1984 Das britische Protektorat Brunei erlangt die Unabhängigkeit, tritt aber nicht der Föderation Malaysia bei.

1997/98 Die asiatische Wirtschaftskrise trifft das Land hart. Waldbrände auf Sumatra und Borneo belasten die Umwelt.

2002 Dr. Mahatir tritt zurück und bestimmt Abdullah Achmad Badawi zu seinem Nachfolger.

2004 Nach dem Tsunami am 26. Dezember beklagt Malaysia 50 Tote. Die materiellen Schäden waren überschaubar und schnell beseitigt.

2008 Bei Neuwahlen kommt es zu einem politischen Erdbeben: Die regierende UMNO verliert ihre absolute Mehrheit im Parlament und vier Staaten an die Opposition.

Natur und Umwelt

Flora und Fauna Südostasiens weisen die höchste Artenvielfalt der Erde auf. Seit etwa 150 Mio. Jahren ungestört von globalen Klimaschwankungen und Eiszeiten, bei gleich bleibend tropischem Klima konnten sich immer neue Tier- und Pflanzenarten entwickeln. Botaniker haben allein in Malaysia über 8000 verschiedene Blütenpflanzen gezählt, darunter über 2000 Baumarten!

Flora

Die natürliche Vegetationsform des Landes ist der **tropische Regenwald**. Charakteristisch für dieses sensible Ökosystem ist sein Stockwerkaufbau. Die Wipfel der Baumriesen reichen 40 bis 50 m, teilweise sogar bis 70 m in die Höhe und bilden ein Blätterdach, das die darunter liegenden Pflanzen vor zu starker Sonneneinstrahlung, Austrocknung und heftigen Regenfällen schützt. Das mittlere Stockwerk besteht aus kleineren Bäumen, auf denen Epiphyten wachsen, darunter etwa 800 Orchideenarten.

In Bodennähe, bei nahezu konstanter Temperatur und Luftfeuchtigkeit, gedeihen im Dämmerlicht Sträucher, Kräuter und Pilze. Am Boden selbst zersetzen sich die abgefallenen Blätter rasch und stehen so den Pflanzen als Nährstoffe zur Verfügung.

Die Artenvielfalt täuscht allerdings darüber hinweg, dass die Humusschicht des Regenwaldes äußerst dünn und der Boden generell eher nährstoffarm ist. Kommt es zur Abholzung, wird das Erdreich durch Regenfälle sehr schnell weggespült; was übrig bleibt, ist nur noch eine artenarme Buschvegetation.

In Höhen über 1000 m geht der Regenwald in den tropischen **Bergwald** und anschließend – ab etwa 1700 m – in den **Nebelwald** über. Hier kommen neben Eichen- und Kastanienarten auch Nadelhölzer vor. Typische Pflanzen der Bergwälder sind Riesenfarne, Moose, Rhododendren, Kannenpflanzen und zahlreiche Orchideenarten.

Mangrovenwälder bilden an vielen Küsten einen schier undurchdringlichen Saum. Sie haben sich dem Leben in der Übergangszone zwischen Land und Meer perfekt angepasst: Ihre auffälligen Stelzwurzeln finden im schlammigen Untergrund ausreichend Halt, um nicht von der Meeresströmung weggespült zu werden und sind wichtig für das Ökosystem, denn sie schützen die Küstenzonen vor einer Erosion durch die Meeresbrandung. Die Wälder sind Lebensraum zahlreicher Tiere wie Vögel, Schlammspringer, Krebse und Reptilien.

Fauna

Die Tierwelt Malaysias weist eine fantastische Vielfalt auf. So wurden bisher etwa 210 Säugetier- und 675 Vogelarten gezählt. 140 verschiedene Spezies Schlangen kommen vor – aber nur fünf können dem Menschen gefährlich werden, darunter Königskobra und Schwarze Kobra. Die mit bis zu 10 m Länge größte Schlange der Welt, der Netzpython, lebt ebenfalls in Malaysia. Unter den Reptilien sind die geschützten Meeresschildkröten besonders beliebt. Allerdings kommen die Lederschildkröten nicht mehr zur Eiablage an die Strände. Die kleineren Suppenschildkröten, Echten und Unechten Karettschildkröten sowie die Olive Bastardschildkröten können zu bestimmten Jahreszeiten an einigen Stränden beobachtet werden.

Die meisten Tiere des Regenwaldes leben versteckt und zurückgezogen in schwer zugänglichen Regionen, nur mit viel Geduld und einigem Glück bekommt man sie zu Gesicht. Viele sind durch die Erschließung immer größerer Waldgebiete für Landwirtschaft, Besiedlung und Industrie in ihrer Existenz bedroht. Zahlreiche Vögel und Säugetiere sind in ihrem Bestand gefährdet. Dazu zählen unter anderem die prächtigen Nashornvögel, Gibbons und Orang-Utans. Die Zahl der Nashörner, Tiger, Leoparden, Tapire und Elefanten ging in den letzten hundert Jahren rapide zurück. Die malaysische

Kettensägen im Paradies

Sie sind unübersehbar, ob auf großen Lastwagen im Landesinnern oder hinter Schleppern auf den Flüssen Sarawaks. Sie haben so exotische Namen wie Meranti oder Selangan, und sie sind ein weltweit geschätztes Gut: die Baumriesen aus den Wäldern Malaysias. Das Land gehört neben Indonesien und Brasilien zu den weltgrößten Exporteuren tropischer Harthölzer. Man schätzt, dass in Malaysia täglich 400 ha Regenwald zerstört werden. Allein im Bundesstaat Sarawak auf Borneo ist bereits der größte Teil der Waldflächen abgeholzt.

Von den über 2500 Baumarten der malaysischen Wälder sind lediglich 150 nutzbar. Um an diese verstreut stehenden Exemplare heranzukommen, planieren Bulldozer das Terrain, damit schwere Lastwagen bis zu den begehrten Baumstämmen vordringen können. Mit den steigenden Bedarf an Biokraftstoffen weichen zudem mehr und mehr Wälder monotonen Ölpalmplantagen, die bereits weite Teile des Landes bedecken. Nicht selten kommt es in Folge der Rodung und Monokultur zu Überschwemmungen, zu Bodenerosionen und zur Verunreinigung der Flüsse.

Neben der Pflanzen- und Tierwelt sind auch die Ureinwohner, die noch in den Wäldern leben, die Leidtragenden des unkontrollierten Raubbaus an der Natur. Die Abholzungen gefährden ihre traditionellen Lebensgrundlagen, wie den maßvoll betriebenen Brandrodungsfeldbau oder die Jagd. Bereits in den 1980er Jahren kam es deshalb zu ersten Auseinandersetzungen zwischen Holzfällern und den Penan und Berawan in Sarawak.

Mittlerweile hat die Regierung, nicht zuletzt durch internationalen Druck, unkontrollierte Abholzungen verboten. Gesetzlich geschützt aber sind lediglich die relativ kleinen Areale der Nationalparks, in denen die Natur dem Zugriff des Menschen völlig entzogen ist. In den anderen Gebieten wird versucht, eine Forstwirtschaft aufzubauen, die sich nach einem kontrollierten Holzeinschlag auch um die nötige Wiederaufforstung kümmern soll. Eine maßvolle ökonomische Nutzung des Waldes ohne irreparable Schäden der ökologischen Balance ist das langfristige und anspruchsvolle Ziel. Bis dahin wird das Kreischen der Kettensägen weiterhin die Geräusche des Urwalds übertönen.

Regierung hat mittlerweile strikte Schutzmaßnahmen zur Rettung der Großsäugetiere des Regenwaldes ergriffen. Hoffentlich nicht zu spät!

Umweltsituation

Um 1900 waren fast die gesamte Malaiische Halbinsel und Borneo von tropischem Regenwald bedeckt. Mittlerweile dürften es noch knapp 12 % des Landes sein. Aber auch der verbleibende Urwald wird mehr und mehr wirtschaftlich genutzt. Das Ausmaß der Abholzung nutzbarer Baumarten ist ökologisch bedenklich, die Folgewirkung auf das Weltklima katastrophal. Neue Hoffnung für den Wald verleiht die Entdeckung seines ökonomischen Wertes auch für die pharmazeutische Industrie – in jedem Fall ist das Interesse an seiner Erhaltung dadurch gestiegen.

In weiten Teilen des Landes prägen endlos erscheinende Palmölplantagen das Landschaftsbild. Um diese Monokulturen vor dem Befall durch Schädlinge und Krankheiten zu bewahren, werden Unmengen von Pflanzenschutzmitteln eingesetzt, die in das Grundwasser, in die Flüsse und schließlich in die Nahrungskette gelangen.

Das rapide Bevölkerungswachstum und die ungebremste Bautätigkeit während des Wirtschaftsbooms ließen die Städte des Landes mehr und mehr ausufern. Die Umweltbelastung durch Müll, Verkehrs- und Industrieabgase hat in den Ballungszentren bereits ein alarmierendes Ausmaß erreicht. Ein Bewusstsein in der Bevölkerung für die Umweltschäden ist jedoch bisher kaum vorhanden, vielmehr nimmt man diese eher achselzuckend in Kauf als Preis für den rasanten wirtschaftlichen Aufschwung des Landes.

Kultur gestern und heute

Islamische Architektur

Die ältesten Moscheen haben ein pagodenähnliches Dach und zeigen Einflüsse aus Sumatra und China. Seit Beginn des 20. Jhs. wurden arabische und indische Stilrichtungen übernommen. Typisch für diese Bauepoche sind die vergoldete oder zumindest goldfarbene Zwiebelkuppel und die zierlichen Dachtürmchen. Die jüngste Entwicklung spiegeln die Monumentalmoscheen wider, Staatsmoscheen, die seit der Unabhängigkeit des Landes entstanden, mit Platz für mehrere Tausend Gläubige. Während zunächst westliche Architekturformen dominierten (ein gutes Beispiel ist die Nationalmoschee in Kuala Lumpur), wird heute mehr auf arabische Stilelemente Wert gelegt.

Selbst bei modernen Profanbauten lässt sich ein Wandel der architektonischen Vorbilder erkennen. So finden sich seit den 1980er-Jahren mehr und mehr arabisch-islamische Bauformen, wie Spitzbogenfenster oder filigrane Fassadenornamente, an neuen Bankgebäuden, Geschäftshochhäusern oder staatlichen Verwaltungszentren.

Malaiische Architektur

Typisch für die *kampung,* die Dörfer der Malaien, ist das traditionelle **Holzhaus auf Stelzen.** Von einer überdachten Terrasse aus gelangt man in den schattigen Hauptraum, der grundsätzlich ohne Schuhe betreten wird. Durch die unverglasten Fenster weht immer eine angenehm kühle Brise durch das Zimmer, in dem sich die Familie mit

Besuchern trifft, sich ausruht und betet. Im hinteren Teil des Gebäudes liegen die Schlafräume, der Essplatz und die Küche. Das malaiische Bad, *mandi* genannt, mit Wasserbecken und Schöpfkelle, liegt separat außerhalb des Hauses.

In ein malaiisches Dorf während der japanischen Besatzungszeit führt **Abdul Samad Said** in »Feuer über dem Fluss« (1994, nur noch antiquarisch erhältlich).

Chinesische und indische Tempel

Chinesische Tempel haben mehrere Hallen und Innenhöfe. Den Eingangsbereich bewacht ein steinernes Löwenpaar. Die Drachenfiguren auf dem Dach sollen böse Geister abwehren. Im zentralen Altarraum befinden sich neben dem Hauptschrein für den Schutzgott oder die Schutzgöttin des Tempels weitere Nebenschreine für Götterstatuen, zahlreiche Opfergefäße, Altarvasen sowie Tempeltrommel und -glocke.

Schon in vorislamischer Zeit war der Hinduismus in Malaysia bekannt. Die meisten noch erhaltenen indischen Tempel sind jedoch relativ jung, nur wenige sind älter als 100 Jahre. Typisch ist der üppig verzierte farbenprächtige Turm über dem Eingangstor, auf dem die hinduistische Götterwelt thront. Den Tempelmittelpunkt bildet eine Götterstatue im Allerheiligsten, zu dem nur die Priester Zutritt haben.

Musik und Tanz

Gemeinsamkeiten der malaiischen Musik mit dem indonesischen Gamelan und den Volksweisen in Thailand und Kambodscha sind unverkennbar. Die wichtigsten Instrumente des traditionellen Orchesters sind die *gendang*-Trommel, der Gong *(tawak-tawak)* und die *rebab,* eine dreisaitige Stehgeige. Dazu gesellen sich Schalmeien, weitere Trommeln, kleinere Gongs und Becken.

Die stark rhythmusbetonte Musik dient in erster Linie der Begleitung von Tänzen, bei denen den grazilen Bewegungen der Arme und Hände eine hohe Bedeutung zukommt. Auch hier sind vorislamische Traditionen und Anklänge aus Thailand nicht zu übersehen. Populär sind Tänze, die zu besonderen Anlässen – bei der Reisernte oder dem Einbringen des Fischfangs – aufgeführt werden – so symbolisiert beispielsweise der *tarian balai* die Reisaussaat.

Einer der beliebtesten Tänze Malaysias ist der *ronggeng* mit seinen portugiesischen Elementen; Jungen und Mädchen stehen sich in Reihen gegenüber, zitieren zunächst Gedichte und beginnen dann den Tanz. Arabischen Ursprungs ist der *hadzah*, ein langsamer Tanz, der nur von Männern ausgeführt wird.

Über vielfältige tänzerische Ausdrucksformen verfügen die verschiedenen Volksgruppen in Sarawak und Sabah. In ihren Stammestänzen leben die kriegerischen Traditionen fort. In manchen Tänzen ahmen die Tänzer die Flügelschläge der mächtigen Nashornvögel nach.

Straßenoper

Nur noch wenige Chinesen interessieren sich für traditionelle Opernaufführungen, die Bestandteil wichtiger religiöser Feste sind. Das Bühnenspektakel – grell geschminkt agieren die Darsteller in prächtigen Gewän-

Ein Jahr voller Feste

Das Fremdenverkehrsamt informiert auf seiner Wesite www.tourism malaysia.de über die aktuellen Termine der religiösen, kulturellen und regionalen Veranstaltungen. Die bedeutendsten Feste der einzelnen Bevölkerungsgruppen seien hier vorgestellt:

▪ **Hari Raya Puasa** ist das wichtigste Fest des islamischen Kalenders. Am Ende des Fastenmonats Ramadan, dem 9. Monat im Mondjahr, wird drei Tage lang ausgiebig gefeiert. Die Familie geht in die Moschee, die Kinder erhalten Geschenke und neue Kleider. Freunde, Verwandte und Nachbarn werden zum Festmahl eingeladen.

▪ **Maulidin Nabi,** der Geburtstag des Propheten, wird im **Juni/Juli** gefeiert. Nach dem Gebet in der Moschee veranstalten die Muslime prächtige Prozessionen.

▪ Das **Chinesische Neujahrsfest** wird im **Januar/Februar** gefeiert. Zuvor werden die Wohnung auf Hochglanz gebracht und süße Kuchen gebacken, um die Götter wohl gesonnen zu stimmen. Am letzten Tag des Jahres trifft sich die Familie zu einem großen Festessen. Kinder erhalten Geldgeschenke. Am Neujahrstag ziehen dann, unter dem ohrenbetäubenden Lärm von Böllern, die berühmten, Löwenmasken tragenden Tänzer durch die Straßen und verjagen das Übel des vergangenen Jahres.

▪ Das **Drachenbootfest** ehrt in größeren Städten im **Juni** den berühmten Dichter **Chu Yuan,** der im 3. Jh. v. Chr. in China lebte und sich lieber ertränkte als korrupt zu werden. Man sagt, Fischer, die den Selbstmord beobachteten, hätten Reiskuchen in den Fluss geworfen, um zu verhindern, dass sich ein Drache dem Körper nähere. Lange Boote, deren Bug ein Drachenkopf ziert, liefern sich ein Wettrennen. Vor allem Penang ist berühmt für seine Drachenbootrennen.

▪ **Deepavali,** das indische Lichterfest, gleichzeitig Neujahrsfest der Inder, wird traditionell im **Oktober/ November** gefeiert. Gläubige Hindus schmücken Häuser und Wohnungen mit Lichtergirlanden zum Zeichen, dass das Gute über das Böse siegte. In Lichterprozessionen werden die Götterstatuen um die Tempel getragen.

▪ **Thaipusam** ist der höchste hinduistische Feiertag. Das Fest der Buße und Danksagung im **Januar/ Februar** ist *Subramaniam,* einem Sohn Shivas, gewidmet. Die berühmteste der feierlichen Prozessionen im ganzen Land führt von K. L. zu den Batu-Höhlen (s. S. 38).

▪ **Gawai Dayak** heißt das traditionelle Erntedankfest in Sarawak. Nach der Reisernte treffen sich **Anfang Juni** die Völker des Landes, um ausgiebig zu feiern. Wettbewerbe im Blasrohrschießen und Bootsrennen stehen im Mittelpunkt. Festlich gekleidete Tanzgruppen führen überlieferte Stammestänze unter den Klängen von Trommeln und Gongs auf.

▪ **Kamatan,** das große Erntedankfest der Kadazan, findet in Sabah alljährlich im **Mai** statt. Neben Tänzen und sportlichen Wettbewerben bildet die Wahl der Reiskönigin den Höhepunkt der Feierlichkeiten.

Laut, schrill, in prächtigen Kostümen: die Chinesische Straßenoper

dern – dient in erster Linie der Besänftigung der Götter. Unter der Begleitung von Trommeln, Blas- und Saiteninstrumenten geben die Darsteller von Sologesängen bis zu akrobatischen Meisterstücken ihr Bestes, um Götter und Zuschauer zu erfreuen.

Sport und Spiel

Insbesondere unter den Malaien sind sportliche Wettkämpfe sehr beliebt. So gehören an der Ostküste aus buntem Papier gefertigte **Drachen** *(wau)* und die Wettbewerbe mit **Riesenkreiseln** zur lebendigen Alltagskultur (s. S. 90).

Die malaiische Variante der Selbstverteidigung heißt **Silat:** Die Kontrahenten versuchen den Gegner durch gezielte Handkantenschläge oder Fußtritte, aber ohne Waffen, zu Fall zu bringen, wozu ein Höchstmaß an Konzentration erforderlich ist.

Kunsthandwerk

Die Herstellung von **Batik**-Stoffen kam um 1900 aus Indonesien nach Malaysia. V. a. in Penang und Terengganu können Sie in einigen wenigen Batikfabriken zusehen, wie die Stoffe mit Wachsstempeln bearbeitet und dann in die Färbewannen getaucht werden. Seiden- und Kunststoffe bemalt man per Hand in den leuchtendsten Farben. Die **Songket-Weberei** ist ein vom Aussterben bedrohtes Textilhandwerk. In die Stoffbahnen sind feine Gold- und Silberfäden eingewoben, was dem Material den Glanz gibt. Besonders schöne Songket-Stoffe finden als Hochzeits-Sarongs Verwendung.

Die prächtigsten Beispiele malaysischer **Holzschnitzereien** sind die feingliedrigen Verzierungen in den alten Sultanspalästen. Da der Koran der Darstellung von Tieren und Menschen kritisch gegenübersteht, haben sich die Handwerker vor allem auf Pflanzenornamente spezialisiert. Ganz andere Wurzeln hat die Holzschnitzkunst in Sarawak und Sabah. Hier dominiert die Darstellung von Furcht einflößenden Dämonen und von Tieren des Regenwaldes.

Die **Schmiedekunst** ist eine alte Handwerkskunst. Besondere Bedeutung kommt neben Silberarbeiten dabei dem *kris* zu, einem Zeremonialdolch, der in der Familie weitervererbt wurde. Heute dient er vielfach nur noch als Zierde.

Nur noch wenige Handwerker fertigen aus Büffelleder die bunt bemalten **Schattenspielfiguren** an, die beim traditionellen *wayang kulit* verwendet werden, das allerdings nur in der Gegend von Kota Bahru lebendig gehalten wird. Hinter der beleuchteten Leinwand erzählt der Puppenspieler seine Geschichten, meist alte Legenden.

Essen und Trinken

Überall locken malaiische, chinesische und indische Restaurants. Sollte einmal keine Speisekarte vorhanden sein, so informiert ein Blick in die Küche oder auf den Nachbartisch, was es zu bestellen gibt. Preiswerte einheimische Gerichte gibt es an zahllosen **Hawker Stalls,** kleinen Essständen; in der Regel können Sie das Essen dort bedenkenlos genießen (s. auch Special, S. 8/9).

Wer gerne etwas exklusiver speist: Jedes internationale 5-Sterne-Hotel wartet mt mindestens einem chinesischen, japanischen oder italienischen Restaurant auf. Die Gerichte bewegen sich zwar deutlich am oberen Ende der Preisskala, am Herd stehen dafür aber oft wirkliche Meisterköche.

Eine gute Gelegenheit, in großen Hotels nicht nur malaiische, chinesische und indische, sondern auch europäische und japanische Gerichte zu genießen, bieten mittags und abends Büfetts zum Festpreis. Zum Frühstück hingegen sieht das Büfett meist mager aus, denn es gilt die Essgewohnheiten unterschiedlicher Nationaliäten zu befriedigen. Da aber eine Reissuppe, gebratene Nudeln oder ein Curry nicht unbedingt der europäischen Vorstellung eines Frühstücks entspricht, bleibt dem Gast aus dem Westen nur der Toast mit Ei und Geflügelwürstchen, denn Schweinefleisch ist aus Rücksicht auf die muslimische Bevölkerung von allen Büfetts verbannt.

Während des Fastenmonats Ramadan sind die muslimischen Restaurants tagsüber geschlossen. Dafür wird nach Sonnenuntergang um so üppiger aufgetischt, und auf Nachtmärkten werden köstliche Snacks verkauft.

Die Top Ten der malaysischen Küche

▐ **Satay:** Kleine marinierte Fleischspieße vom Huhn, Lamm oder Rind werden über Holzkohle gegrillt; dazu gibt es eine würzige Erdnusssauce, Klebreis und Gurkenscheiben.

▐ **Steamboat:** Nudeln, Fleisch, Krabben und weitere Zutaten werden in einer Gemüse-Fleisch-Brühe am Tisch nach Belieben gegart und in verschiedene Saucen getunkt. Zum Schluss wird die kräftige Brühe genossen.

▐ **Laksa:** Die eingedickte malaiische Fischsuppe mit dem leicht süß-säuerlichen Geschmack wird mit Nudeln, Gemüse, Hähnchenfleisch und Krabben serviert. Es gibt zahlreiche regionale Varianten, besonders gut ist die Penang Laksa.

▐ **Nasi Lemak:** In Kokosmilch gekochter Reis wird auf Bananenblättern mit gekochten Eiern, Ikan bilis (winzigen frittieren Fischen), Sambal, Salatgurken und Erdnüssen serviert.

▐ **Curry Mee:** Gelbe Nudeln werden mit Tofu, Sojasprossen und Hühnchenfleisch in einer Currysoße gekocht. Das Geheimnis der chinesischen Soße liegt in der Kombination von Kokosmilch, Ingwer, Knoblauch und Zitronengras.

▐ **Char Koay Teow:** Bandnudeln werden mit Krabben, Tintenfischen, Sojasprossen, Tofu und Fleisch in einer Sojasauce kräftig durchgebraten.

▐ **Tandoori Chicken:** Eine verbreitete indische Spezialität. Mit Joghurt, Gewürzen und Limonen mariniertes Huhn wird im Tonofen gebacken, wodurch es seine typisch krebsrote Farbe erhält.

▐ **Murtabak:** Die auf einer heißen Platte gebratenen indischen Mehlfladen werden mit Eiern, Zwiebeln, Gewürzen, Gemüsen und manchmal auch Fleisch gefüllt.

Satay – in ganz Malaysia beliebt – gibt es an jeder Ecke

▌**Goreng Pisang:** Goldgelb in Teig ausgebackene Bananen sind eine beliebte Nachspeise.

▌**Ais Kacang:** Geraspelte Eisstückchen, garniert mit bunten Geleewürfeln, roten Bohnen, süßem Mais, Sirup und Kondensmilch sind der absolute Favorit der Kinder!

Früchte

Mango, Papaya, Ananas und **Carambola** *(Starfruit)* sind auch in Europa bekannt und beliebt. Aber was sind Rambutan, Mangosteen oder Durian? **Rambutan** ist eine pflaumengroße rötliche Frucht mit dicken »Haaren«. Unter der Schale verbirgt sich das süße weiße Fruchtfleisch. Die **Mangosteen** hat die Größe eines kleinen Apfels und eine dicke violette Schale (Achtung, sie färbt ab) um die süß säuerlich schmeckenden weißen Fruchtschnitze. Die melonengroße grüne Stachelfrucht **Durian** stinkt penetrant – probieren Sie trotzdem einmal das cremige Fruchtfleisch (aber niemals zusammen mit Alkohol!). Wegen des nachhaltigen Duftes ist die Stachelfrucht übrigens in Hotels, Flugzeugen und Bussen verboten.

Getränke

Die beliebtesten Getränke der Malaysier sind Tee und Kaffee. Wenn Sie *teh* oder *kopi* bestellen, erhalten Sie beides immer gesüßt und mit Kondensmilch. Wer weder Zucker noch Milch möchte, sollte *teh* oder *kopi oh* verlangen. Mit Zucker, aber ohne Milch heißt es dann *teh* oder *kopi oh manis*. Ein Genuss sind frisch gepresste Säfte, Trinkwasser wird überall verkauft. An Stränden und Straßenständen werden junge Kokosnüsse angeboten, deren Saft erfrischt; mit einem Löffel kann man hinterher das weiße Fruchtfleisch aus der Schale löffeln. Bier ist das beliebteste alkoholische Getränk, natürlich nur unter Nicht-Muslimen. Die bekanntesten Biermarken – alle in Lizenz gebraut –, sind Anchor, Tiger und Carlsberg. Wein und Spirituosen gibt es in guten Restaurants und Hotels sowie in großen Supermärkten.

Urlaub aktiv

Erholung am Strand, Baden, Schnorcheln und Windsurfen im Meer, ab und an eine Besichtigungstour, so stellen sich viele ihren Urlaub in Malaysia vor. Das Land bietet jedoch eine ganze Palette weiterer Aktivitäten, die sich ideal mit einer Bade- oder Rundreise kombinieren lassen und die Ferien zu einem echten Erlebnis machen. Zögern Sie nicht, die ausgetretenen Touristenpfade zu verlassen. Außerhalb der Hotels wartet eine faszinierende Welt nur darauf, entdeckt zu werden.

Tauchen

Die tropischen Korallenriffe locken immer mehr Taucher an. Kein Wunder, denn kein anderes marines Ökosystem bietet eine vergleichbare Fülle an Lebewesen auf engstem Raum. Wer Riesenmuscheln, Feuerkorallen, Seeanemonen, Schmetterlings-, Clown-, Papageienfische, Schildkröten und andere Meeresbewohner beobachten möchte, der sollte sich den Gruppen einer der zahlreichen Tauchschulen anschließen. In wenigen Tagen werden Anfänger mit den theoretischen und technischen Kenntnissen des Tauchens vertraut gemacht (meist auf Englisch). Erfahrene können Tauchgänge zu den Riffen, Ausflüge zu Wracks und Nachttauchgänge buchen. Die Ausrüstung der meisten Schulen entspricht internationalem Standard. Ein drei- bis viertägiger Anfängerkurs mit Gruppenunterricht, mehreren Tauchgängen und dem international anerkannten PADI-Zertifikat kostet je nach Saison 180–250 €. Tagestouren mit zwei Tauchgängen inklusive Ausrüstung sind schon für weniger als 50 € zu haben.

Ideale Tauchgründe sind an der Westküste die Korallenriffe vor der kleinen **Insel Payar,** die zum **Langkawi-Archipel** gehört (s. S. 49); an der Ostküste die Inseln **Perhentian** (siehe S. 91) und **Redang** sowie **Tioman** (s. S. 96) und kleinere Nachbarinseln wie **Rawa** und **Tengah;** in Sabah die Inseln des **Tunku-Abdul-Rahman-Parks** (siehe S. 57) und die kleine Insel **Sipadan** sowie einige andere Inseln vor Semporna – eines der besten Tauchgebiete der Welt (s. S. 62); in Sarawak die Riffe vor **Miri.**

Dschungeltrekking

Je nach Abenteuerlust und Kondition sind leichte Wanderungen über ausgeschilderte Plankenwege oder mehrtägige Trekkingtouren durch das Unterholz des Waldes möglich. Da es aufgrund des dichtes Blätterdaches im Wald am Boden immer schattig ist, sind Touren im Dschungel meist weniger anstrengend als Spaziergänge durch die heißen Straßenschluchten der Großstädte – es sei denn, Sie sind mit schwerem Gepäck oder in unwegsamem Gelände unterwegs. Der Regenwald im Nationalpark **Taman Negara** gilt als der älteste der Welt (s. S. 53). Die Wälder der **Cameron Highlands** lassen sich von Tanah Rata aus auf ausgedehnten Wegen erkunden (siehe S. 72). Der **Kenong-Rimba-Park** südlich des Taman Negara ist von Kuala Lipis aus zu erreichen (Infos s. Special, S. 10/11). **Gunung Mulu** in Sarawak wartet mit einem riesigen Höhlensystem auf (s. S. 70). Die Bergwälder um den **Gunung Kinabalu** und die Tieflandwälder bei den heißen Quellen von **Poring** in Sabah verlocken zu Trekkingtouren (s. S. 60). Und im Osten Sabahs werden Bootstouren auf dem **Kinabatangan-Fluss**

Der Canopy Walkway bei Poring bietet besondere Aus- und Einblicke

in den über Sandakan und Sukau zu erreichenden Tieflandregenwald veranstaltet.

Bergsteigen

Im wahrsten Sinne des Wortes der Höhepunkt einer Malaysiareise ist die Besteigung des **Gunung Kinabalu**, des mit 4095 m höchsten Berges Südostasiens (s. S. 58). Auch wer über wenig bergsteigerische Erfahrung verfügt, kann es mit guter Kondition schaffen. Die Mühen werden mit einem Sonnenaufgang über den Wolken belohnt. Für kombiniertes Bergsteigen/Dschungeltrekking bieten sich **Gunung Tahan** (2187 m) im **Taman Negara** (s. S. 53), **Gunung Mulu** (2377 m) und die Pinnacles im **Gunung-Mulu-Nationalpark** in Sarawak (s. S. 70) an.

Golf

Bereits die Briten legten die ersten Greens im Land an. Heute ist Golf bei Malaysiern und Urlaubern ein beliebter Freizeitsport. Mehrere Dutzend Golfplätze stehen zur Verfügung, in den Ferienregionen sind die meisten Golfanlagen öffentlich. Schläger können ausgeliehen werden, Anfänger- sowie Fortgeschrittenenkurse liegen deutlich unter dem europäischen Preisniveau. Zu den bekanntesten Golfanlagen zählen die Höhenresorts der **Cameron Highlands** (s. S. 72), **Genting Highlands** (s. S. 39) und **Fraser's Hill** zwischen Kuala Lumpur und Raub. Auch **Langkawi** verfügt über schön gelegene Plätze, z. B. in Teluk Burau und Teluk Datai (s. S. 50).

Kunsthandwerkskurse

Die Ostküste gilt als Zentrum des malaiischen Kunsthandwerks. Für Interessierte werden unter anderem Kurse in Batikmalerei oder im Drachenbau angeboten. Wer möchte, kann auch für einige Tage im Rahmen von **Homestay-Programmen** bei Handwerkerfamilien wohnen und neben der Herstellung von Kunsthandwerksprodukten auch sehr viel über das Alltagsleben der Dorfbewohner kennen lernen. Nähere Informationen erteilen die Touristeninformationen in **Kota Bharu** (s. S. 89).

Unterkunft

Luxuriöse Hotelpaläste, stilvolle Strandresorts, palmwedelgedeckte Strandhütten sowie einfache Schlafplätze in den Langhäusern Sarawaks – jeder Besucher wird in Malaysia eine passende Unterkunft finden.

Prinzipiell liegen die Übernachtungspreise weit unter dem europäischen Niveau. So bekommen Sie schon für weniger als 50 € ein Doppelzimmer mit allen Annehmlichkeiten, wie Bad, Klimaanlage, Telefon und Satelliten-TV – nach oben sind selbstverständlich kaum Grenzen gesetzt. Und selbst die einfachen Unterkünfte entsprechen meist dem Standard von 1- bis 2-Sterne-Hotels.

Einzelzimmerpreise liegen nur selten unter denen von Doppelzimmern. Frühstück und andere Mahlzeiten sind im Preis meist nicht inbegriffen. Viele Hotels gewähren auf Nachfrage einen beträchtlichen Preisnachlass. Mit etwas Geschick lässt sich, besonders in der Nebensaison, ein guter Rabatt herausschlagen. Auch über das Internet und deutsche Reiseveranstalter lassen sich viele Zimmer im 4-bis 5-Sterne-Bereich günstiger als vor Ort buchen.

Wer mit kleiner Reisekasse unterwegs ist, der findet in Städten und an den Stränden zahlreiche *guesthouses.* Viele junge Touristen bevorzugen deren lockere Atmosphäre und verzichten dafür gerne auf Komfort.

Die aus der Kolonialzeit stammenden *government resthouses,* deren wenige Zimmer früher englischen Beamten und später vereinzelt Touristen als Unterkunft dienten, sind privatisiert oder geschlossen worden.

Private *Bed & Breakfast*-Pensionen, Jugendherbergen und Campingplätze gibt es praktisch nirgendwo.

Reisewege und Verkehrsmittel

Anreise

Sowohl nonstop als auch direkt zum Kuala Lumpur International Airport (KLIA) fliegt u. a. die malaysische Fluggesellschaft Malaysia Airlines (MAS, www.malaysiaairlines.com.my) ab Frankfurt/M. oder München. Die reine Flugzeit beträgt 12–13 Stunden. Anschlussflüge nach Penang und Langkawi sowie in die ost-malaysischen Bundesstaaten Sabah und Sarawak gibt es von Kuala Lumpur, Johor Bharu und Singapur aus.

Per Bahn oder Bus kann man von/nach Singapur und Thailand reisen. Straßenverbindungen bestehen auch vom indonesischen Teil Borneos (Kalimantan) nach Sarawak, Bootsverbindungen nach Sabah.

Zweimal wöchentlich startet der luxuriöse **Eastern & Oriental Express** zu seiner 41-stündigen Fahrt von Singapur nach Bangkok. Sie können auch Teilstrecken (Singapur–Kuala Lumpur, Kuala Lumpur–Bangkok) buchen. Informationen und Buchung: **Venice-Simplon-Orient-Express,** Sachsenring 85, 50677 Köln, Tel. 02 21/3 38 03 00, Fax 3 38 03 33, www.orient-express. com.

Regelmäßige Fährdienste verbinden Sumatra (Indonesien) mit Melaka und Penang. Schiffsverbindungen bestehen auch zwischen dem südlichen Zipfel der Ostküste und Singapur.

Reisen innerhalb Malaysias

Malaysia verfügt über ein gut ausgebautes Straßen- und Verkehrsnetz. Die Autobahnen und wichtigsten Nationalstraßen sind in ausgezeichnetem Zustand. Auf Nebenstrecken müssen sie jedoch stets mit Schlaglöchern, unbeleuchteten Baustellen oder Tieren auf der Fahrbahn rechnen. Bei Dunkelheit kann es deshalb gefährlich werden.

Es herrscht Linksverkehr. Alle Autobahnen sind gebührenpflichtig. Die Höchstgeschwindigkeit in Ortschaften beträgt 50 km/h, auf Landstraßen 80 km/h und auf der Autobahn 110 km/h. Es besteht Anschnallpflicht, für Motorradfahrer Helmpflicht. Tankstellen sind weit verbreitet. Der Benzinpreis liegt unter dem europäischen Niveau.

Mietwagen

Internationale Mietwagenfirmen haben in größeren Städten und an Flughäfen ihre Standorte; die Telefonnummern finden Sie im Branchenverzeichnis. Bei längerer Mietdauer werden Rabatte gewährt. Ein Kleinwagen für 2 Wochen (ohne Kilometerbegrenzung) ist für etwa 500 € zu haben. Es genügt die Vorlage des nationalen Führerscheins. Der Abschluss einer

Unfall- und Haftpflichtversicherung ist sinnvoll.

Fernbusse und Überlandtaxis

Zwischen größeren Städten verkehren komfortable Expressbusse verschiedener Gesellschaften. Einige VIP-Busse verfügen über einen größeren Sitzabstand, sind daher teurer, aber auch bequemer. Regionallinien fahren von den Großstädten aus die Orte im Umland an. Fahrscheine werden an den Schaltern der Busbahnhöfe, bei Regionalbussen vom Fahrer verkauft. Auf größeren Distanzen verkehren auch Nachtbusse. Eine Alternative sind Überlandtaxis *(kereta sewa)* für bis zu 4 Passagiere, die zum Festpreis auch zu weiter entfernten (aber nicht allen) Zielen fahren.

Eisenbahn

Auf dem vernachlässigten Schienennetz der Malaysischen Eisenbahn (KTM) sind nur noch wenige langsame Züge unterwegs. Expresszüge und ein Nachtzug fahren täglich von Singapur nach Kuala Lumpur, einer von K. L. nach Butterworth, und ein internationaler Express sogar bis Bangkok. In Gemas zweigt eine Strecke durchs Landesinnere bis an die Ostküste bei Kota Bharu ab. In Sabah fährt manchmal ein Triebwagen zwischen Tanjung Aru und Tenom. Der Kauf eines **KTM Railpass** lohnt daher kaum.

Flugzeug

Das Inlandflugnetz von Malaysian Airlines wurde stark reduziert. Viele Strecken wurden von den malaysischen Billigfluggesellschaften Air Asia (www.airasia.com) und Firefly (www.fireflyz.com.my) übernommen, die zu günstigen Preisen auch andere Ziele in Südostasien ansteuern.

Zu einigen Urlaubsinseln verkehrt Berjaya Air (www.berjaya-air.com).

Verkehrsschilder

AWAS: Vorsicht
BAHAYA: Gefahr
BERHENTI: Stopp
DILARANG MEMOTONG: Überholen verboten
IKUT KIRI: Links halten (Linksverkehr!)
JALAN ROSAK: Straßenschäden
JALAN SEHALA: Einbahnstraße
KELUAR: Ausfahrt, Ausgang
KURANGAN LAJU: Langsam fahren
MASUK: Einfahrt, Eingang
PUSAT BANDAR: Stadtzentrum

Kuala Lumpur

Metropole der Kontraste

Karte
Seite
34

Petronas Twin Towers

Der Reiz der malaysischen Hauptstadt liegt in ihren Kontrasten: Hier gehen weltoffene Metropole und asiatische Traditionen eine eigenwillige Verbindung ein. Moscheen im maurischen Stil spiegeln sich in den Fassaden futuristischer Wolkenkratzer. Die Nachtmärkte in Chinatown berauschen die Sinne. Tempel, die vom Duft der Räucherkerzen erfüllt sind, und ausgedehnte Parks bilden Oasen der Ruhe und Besinnung. Zwischen den blitzenden Fassaden mondäner Einkaufspaläste, himmelstrebender Bürotürme und prachtvoller Luxushotels entdeckt man Gesichter von Menschen der unterschiedlichsten Religionen, Kulturen und Völker – Gesichter, die mehr über diese Stadt erzählen, als es die steinernen Zeugen der Vergangenheit je könnten.

Zinnvorkommen lockten Mitte des 19. Jhs. die ersten Abenteurer zum Zusammenfluss von Gombak und Kelang im malariaverseuchten Tiefland von Selangor, unter ihnen Yap Ah Loy, der legendäre Capitan China. Er errichtete hier 1857 ein Minencamp mit dem wenig romantischen Namen Kuala Lumpur (»schlammige Flussmündung«), das zum Zentrum des regionalen Zinnhandels wuchs. 1886 wurde es Residenz des Sultans von Selangor. Nach der Erhebung zur Hauptstadt der Malaiischen Konföderation 1895 wanderten verstärkt Malaien, Inder und Europäer zu. Dem Zinn- folgte der Kautschukboom. Riesige Plantagen wurden in der Umgebung angelegt, die auch heute noch von der Vergangenheit zeugen.

K. L. (sprich: *kej-el*), wie die Malaysier ihre Hauptstadt gerne nennen, entwickelte sich rasch zur politischen und wirtschaftlichen Metropole des Landes mit heute über 1,6 Mio. Einwohnern. Das Baufieber hat die Stadt verändert. Spektakuläre Projekte sollten K. L. in das 21. Jh. katapultieren. Die Petronas Twin Towers gehören mit 452 m Höhe zu den höchsten Gebäuden der Welt. Der supermoderne Kuala Lumpur International Airport (KLIA), 75 km südlich der Stadt, ist ein neues Luftdrehkreuz für Südostasien.

Die Innenstadt der weitläufigen Metropole lässt sich grob in vier Bereiche gliedern: das alte Zentrum mit Chinatown und den Kolonialbauten um den Padang Merdeka, im Norden das Einkaufsviertel um die Jalan Tuanku Abdul Rahman, im Nordosten das Golden Triangle um die Jalan Sultan Ismail, das vornehme Hotel- und Geschäftsviertel der Stadt, und schließlich westlich des Kelang-Flusses das einstige Regierungsviertel.

Berühmte Türme

Karte Seite 34

Als Wahrzeichen des modernen Staates wurde in den 1990er-Jahren im Zentrum das **Kuala Lumpur City Centre** (KLCC) erbaut, ein 20 ha großer Komplex rings um eine große Parkanlage, zu dem auch die

Petronas Twin Towers ❶ gehören, die bei ihrer Entstehung mit 452 m Höhe die höchsten Gebäude der Welt waren. Die futuristisch anmutenden, silbernen Zwillingstürme beherbergen in ihren unteren Stockwerken einen beeindruckenden Einkaufskomplex, Kinos, Restaurants, das **Aquaria KLCC, ein modernes Aquarium (tgl. 10–22 Uhr, 38 RM, www.klaquaria.com), sowie das **Petrosains** The Discovery Centre (Di–Do 9.30 bis 17.30, Fr ab 13.30, Sa/So bis 18.30 Uhr, www.petrosains.com.my).

Ab 8.30 Uhr (tgl. außer Mo) werden am Informationsstand im Erdgeschoss des Menara (Turm) 2 kostenlos 1200 Tickets verteilt, die an einem festgesetzten Termin zum Besuch der Skybridge berechtigen, die im 41. Stock beide Türme miteinander verbindet.

Ein überwältigender Blick auf die Twin Towers und über die City bietet sich von der Aussichtsplattform des über 421 m hohen ***Fernsehturms** (Menara KL) ❷ (tgl. 9–22 Uhr, 20 RM, www.menarakl.com.my).

Das Sultan-Abdul-Samad-Gebäude

Gegenüber dem Padang Merdeka steht das ***Sultan-Abdul-Samad-Gebäude** ❹, zweifellos einer der schönsten Bauten in K. L. Zwischen 1894 und 1897 im maurischen Stil erbaut und von einem 40 m hohen Glockenturm bekrönt, ist es Sitz des Obersten Gerichtshofes und dient als Standesamt.

Inmitten der betriebsamen City wirkt die ***Masjid Jame** *(Jame-Moschee)* ❺ mit ihren Türmchen und Kuppeln fast wie eine Fata Morgana. Nach nordindischen Vorbildern 1909 errichtet, war sie die erste Nationalmoschee im Land (tgl. 8–12.30 und 14.30–16 Uhr; der Gebetsraum ist nur für Muslime zugänglich).

Rund um Padang Merdeka

1957 wurde auf der großen Rasenfläche des Padang Merdeka die Unabhängigkeit Malaysias ausgerufen. Der 100 m hohe **Fahnenmast** ist angeblich der höchste der Erde. Der einst exklusive **Selangor Club** ❸, 1890 im englischen Tudorstil erbaut, hat an gesellschaftlicher Bedeutung verloren.

Chinatown und Umgebung

Von der Jalan Tun Perak führt die Jalan Benteng direkt am Kelang entlang zum **Central Market** *(Zentralmarkt)* ❻. In der zweigeschossigen Markthalle, 1936 im Art-déco-Stil entstanden, kann man Kunsthandwerk, Batikstoffe, Antiquitäten und Souvenirs kaufen (tgl. 10–21 Uhr). Im

Die Nationalmoschee

Sri-Mahamariamman-Tempel

1. Stock im Mangrove Foodcourt kann man auch essen und im angrenzenden The Annexe in Kunstgalerien stöbern.

Östlich der Markthalle beginnt Chinatown. Hier stehen noch viele der typischen *shop houses,* die anderwo modernen Geschäfts- und Bankgebäuden weichen mussten. In den Gassen und auf dem **Nachtmarkt** in der zur Fußgängerzone umgestalteten, überdachten Jalan Petaling herrscht ein buntes Treiben.

Versteckt zwischen Verkaufsständen führt in der Nähe des Zentralmarkts eine schmale Straße zum *See-Yeoh-Tempel* **❼**. K. L.s ältester chinesischer Tempel wurde nach einem Brand 1881 wieder aufgebaut und beherbergt wertvolle Malereien, Holzschnitzarbeiten und Kunstgegenstände. Im hinteren Altarraum befindet sich übrigens auch ein Bild von Yap Ah Loy, legendärer Stadtgründer und Tempelstifter »Capitan China«.

In der Jalan Bandar ragt der **❋Sri-Mahamariamman-Tempel** **❽** empor. In bunten Farben reitet, tanzt, musiziert und meditiert die hinduistische Götterwelt erhaben über dem Tempelportal. Geweiht wurde die heilige Stätte der Regengöttin Mariamman bereits 1873, doch erst 100 Jahre später erhielt sie ihr heutiges Aussehen. Tag für Tag bringen gläubige Hindus den Göttern Blumenkränze und andere Opfergaben dar. Hier nimmt das **❋❋Thaipusam-Fest** alljährlich seinen Anfang, bevor es in den Batu-Höhlen (s. S. 38) seinen ekstatischen Höhepunkt erlebt.

Außerhalb von Chinatown, auf der anderen Flussseite, erhebt sich die weiße Hochhausfassade des **Kompleks Dayabumi ❾**. Das Gebäude mit Büros und dem Hauptpostamt zeigt, dass moderne Architektur und islamische Stilelemente miteinander harmonieren können.

Von der Nationalmoschee zum alten Bahnhof

75 m hoch ist das Minarett der **❋Masjid Negara** *(Nationalmoschee)* **❿**. Das Gebäude vereint islamische und regionale Symbolik. So entspricht die Anzahl der Kuppeln derjenigen der Großen Moschee in Mekka. Das sternförmige Faltdach erinnert an den königlichen Sonnenschirm. Die 18 Zacken des Daches repräsentieren die 13 Bundesstaaten und die fünf Säulen des Islam. In der Haupthalle können sich bis zu 3000 Menschen zum Gebet ver-

**Karte
Seite
34**

sammeln (für Nicht-Muslime tgl. 9 bis 12, 15–16 und 17.30–18.30 Uhr). Wer die Moschee besichtigen möchte, muss Arme und Beine bedeckt haben, Besucher erhalten am Eingang passende Kleidung.

Nicht weit entfernt vermittelt das moderne ****Islamic Arts Museum ⓫** mit seinen gut präsentierten Exponaten aus dem gesamten islamischen Kulturkreis einen Überblick über Kunst und Kultur des Islam (Jl. Lembah Perdana, www.iamm.org.my, Di–So 10 bis 18 Uhr).

Der ehemalige **Hauptbahnhof** *(Stesyen Keretapi)* und das **Bahnverwaltungsgebäude ⓬** bilden den Abschluss des Rundgangs. Was auf den ersten Blick aussieht wie ein Sultans-

❶ Petronas Twin Towers
❷ Fernsehturm
❸ Selangor Club
❹ Sultan-Abdul-Samad-Gebäude
❺ Jame-Moschee
❻ Central Market
❼ See-Yeoh-Tempel
❽ Sri-Mahamariamman-Tempel
❾ Kompleks Dayabumi
❿ Nationalmoschee
⓫ Islamic Arts Museum
⓬ Hauptbahnhof
⓭ Nationalmuseum
⓮ Planetarium Negara
⓯ Lake Gardens

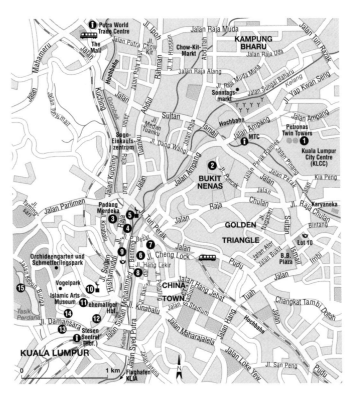

palast oder eine Moschee, entpuppt sich als überaus originelles Gebäude mit Türmchen, Kuppeln und Arkaden, das zwischen 1910 und 1917 entstand.

Südwestlich der Innenstadt

Die Sehenswürdigkeiten im weitläufigen und hügeligen Areal südwestlich der Innenstadt lassen sich am besten mit einem Taxi erreichen.

Das **Nationalmuseum** *(Muzium Negara)* ⑬ bietet in 4 neu gestalteten Galerien einen Überblick über die Geschichte Malaysias von den Anfängen und frühen Reichen bis zur Kolonialzeit und Gegenwart (tgl. 9–18 Uhr).

Eine weitere Attraktion ist das auf einem Hügel gelegene **Planetarium Negara** ⑭. Vom minarettartigen Aussichtsturm schweift der Blick weit über die Stadt (Di–So 9.30–16 Uhr).

Die **Lake Gardens** ⑮ um den Tasik Perdana, einen künstlichen See, sind die größte und schönste Grünanlage der Stadt. Ideal zum Ausruhen und Durchatmen in tropischer Vegetation sind der ***Bird Park** mit Nashornvögeln und 200 weiteren tropischen Vogelarten, viele davon in einem großen Freifluggehege (tgl. 9–19 Uhr, www.birdpark.com.my), der Orchideen- sowie der Hibiscusgarten (beide tgl. 9.30–18 Uhr) und der Schmetterlingspark (tgl. 9–18 Uhr).

Vorwahl Kuala Lumpur: 03

ℹ️ **Malaysian Tourism Centre (MTC),** 109 Jl. Ampang, Tel. 9235 4800, www.tourism.gov.my, tgl. 8–22 Uhr. Weitere Büros der Touristeninformation: im Putra World Trade Centre (Jl. Tun Ismail, Mo–Fr 7.30–17.30 Uhr), im neuen Hauptbahnhof KL Sentral (tgl. 9–18 Uhr) und im Flughafen KLIA.

▌ **Touristenpolizei,** im MTC, Tel. 2166 8322, tgl. 9– 18 Uhr. Beschwerden über Taxifahrer und Anzeige von Diebstählen auch über die Tourism Info Line, Tel. 1-300-88 5050. Die englischsprachigen Mitarbeiter patrouillieren auf den Straßen und sind an den schwarzweißen Bändern ihrer Mützen zu erkennen.

Flugverbindung: Ab Kuala Lumpur International Airport (KLIA), 75 km südlich der City, internationale Flüge sowie nationale Flüge von MAS nach Penang, Alor Setar, Kota Bharu, Kuala Terengganu, Kuantan, Johor Bharu und zu allen Küstenstädten in Ost-Malaysia. Vom Low Cost Terminal (LCCT, ca. 15 Min. mit dem Bus vom KLCC) fliegt wesentlich preiswerter Air Asia zu zahlreichen Zielen im In- und Ausland. Vom alten Subang Airport startet Berjaya Air zu den Urlauberinseln Pangkor, Redang und Tioman sowie nach Ko Samui.

Taxis in die Stadt brauchen vom KLIA etwa 60 Min. Zum Hauptbahnhof Stesen Sentral fahren KLIA-Busse (12 RM); von dort von dort geht es per Taxi zum Hotel. Einzelreisenden und Eiligen empfiehlt sich der KLIA Ekspres, ein Zug, der zwischen 5 und 1 Uhr alle 15 Min. nonstop in 28 Min. für 35 RM zwischen dem neuen Hauptbahnhof und dem Flughafen fährt. Das Gepäck kann bei MAS- und einigen anderen Flügen bis zu 2 Std. vor dem Abflug bereits am Bahnhof eingecheckt werden.

Zugverbindung: Der neue Hauptbahnhof, **Stesen Sentral,** im Südwesten der Stadt (Tel. 2279 8888, www. stesensentral. com) ist ein riesiges, von einer Stahlkonstruktion überspanntes, mehrstöckiges Gebäude. Täglich zwei Expresszüge und ein Nachtzug über Seremban und Johor Bharu nach Singapur (7–11 Std.) so-

Karte Seite 34

Karte
Seite
34

wie täglich ein Nachtzug nach Kota Bharu (14 Std.). Langkawi Express über Ipoh und Butterworth nach Hat Yai (Thailand; 15 Std.).

Busverbindung: Pudu Raya Station, Jl. Pudu, ist der größte Busbahnhof der Stadt. Von hier fahren moderne, klimatisierte Überlandbusse und Sammeltaxis in nahezu alle Städte und Regionen auf der Halbinsel. Regionalbusse starten ab **Tun Razak Station** (Jl. Tun Razak).

Stadtbusse, Taxis, Monorail und LRT: Die zahlreichen Linien der verschiedenen Busfirmen verwirren den Ortsunkundigen. Taxis sind preiswert. Bestehen Sie aber unbedingt darauf, dass der Taxameter eingeschaltet wird. Das Netz der LRT umfasst **Monorail, Star-** und **Putra Line** innerhalb der Stadt sowie die auf den Eisenbahngleisen verkehrenden **Kommuter-Züge** ins Umland. Für Touristen interessant sind die Linien von der Jame-Moschee zum Putra World Trade Centre, nach Ampang und Pudu Raya.

Istana, 73 Jl. Raja Chulan, Tel. 2141 9988, Fax 2144 0111, www.hotelistana.com.my. Im Zentrum des Golden Triangle. Istana bedeutet Palast, entsprechend stilvoll ist das Interieur. 4 Restaurants – das italienische soll eines der besten Malaysias sein. ○○○

■ **Renaissance Kuala Lumpur,** 103 Jl. Ampang, Tel. 2715 9000, Fax 2715 7000, www.marriott.com. 500 gepflegte Luxuszimmer und europäische sowie asiatische Restaurants, großer Pool. ○○○

■ **Shangri-La,** 11 Jl. Sultan Ismail, Tel. 2032 2388, Fax 2070 1514, www.shangri-la.com. Geschmackvolle Einrichtungen, das chinesische Restaurant und der Club Oz sind bei Gourmets und Nachtschwärmern beliebt. ○○○

■ **Hotel Maya,** 138 Jl. Ampang, Tel. 2711 8866, www.hotelmaya.com.my. Boutiquehotel in der Nachbarschaft des KLCC. 207 moderne kleine Studios und Suiten, die perfekte Basis für Shoppen und Nachtleben. ○○○

■ **Bintang Warisan,** 68 Jl. Bukit Bintang, Tel. 2148 8111, Fax 2148 2333, www.bintangwarisan.com. Kleineres, modernes Hotel mit kolonialem Touch mitten im Shopping-Bezirk. ○○

■ **Alpha Genesis,** 45 Tingkat Tong Shin, Tel. 2141 2000, Fax 2141 1000, www.alphagenesishotel.com. Kleines, modernes Hotel, ruhig gelegen. ○○

■ **Nova,** 16–22 Jl. Alor, Tel. 2143 1818, Fax 2142 9985, www.novahtl.com. Auf 12 Stockwerken 154 Zimmer im modernen asiatischen Designer-Stil. ○○

■ **Malaya,** Jl. Hang Lekir, Tel. 2072 7722, Fax 2070 0980, www.hotelmalaya.com.my. Gepflegter Hotelblock im Herzen Chinatowns, nahe dem Sri-Mahamariamman-Tempel und dem Nachtmarkt. ○○

■ **Imperial,** 76–80 Changkat Bukit Bintang, Tel. 2148 1422, Fax 2142 9048, wwwhotelimperial.com. my. Größeres Hotel in einer Nebenstraße der Jl. Bukit Bintang. Restaurants und Nachtmarkt in der Nähe. ○

■ **YMCA,** 95 Jl. Padang Belia, Tel. 2274 1439, Fax 2274 0559, www.ymcakl.com. In ruhiger Lage südlich des Zentrums, auch für Familien. ○

Kuala Lumpur bietet ein großes Angebot an Restaurants asiatischer und internationaler Küchen, von Foodstalls bis zu Gourmettempeln.

■ **Eden Village,** Jl. Raja Chulan/Jl. Kia Peng. Besonders üppige Speisekarte, sehr gute Fischgerichte. ○○○

■ **Genki Sushi,** 4. Stock Suria KLCC. Japanische Sushi in Malaysia, warum nicht? ○○○

■ **Le Bouchon,** 14-16 Changkat Bukit Bintang, Tel. 2142 7633, www.lebouchonrestaurant.com. Edel-rustikal: hervorragendes französisches Restaurant in der beliebten Ausgehmeile. Gute Weinauswahl. ○○○

■ **Bintang,** 35. Jl. Bukit Bintang. Rotierendes Dachrestaurant im Federal Hotel mit großer Auswahl an chinesischen und internationalen Gerichten, ab 19 Uhr. ○○

■ **The Ship,** 40 Jl. Sultan Ismail. Im britischen Pub-Stil, saftige Steaks und kühle Biere. ○○

■ **Coliseum Cafe,** 98-100 Jl. Tun Abdul Rahman, Tel. 2692 6270. Seit 1921 hat sich außer dem Publikum kaum etwas verändert. Hier gibt es noch Stengah am Tresen und Sizzling Steaks wie zur Zeit der Briten. ○

■ **Gourmet Emporium,** im Untergeschoss des neuen Einkaufszentrums Pavilion, Jl. Bukit Bintang, Ecke Jl. Raja Chulan. Zahlreiche Essenstände präsentieren in angenehmer Atmosphäre eine riesige Auswahl an lokalen und internationalen Spezialitäten. ○

■ **Old China Cafe,** Jl. Balai Polis. Traditionelles Nonya-Restaurant im Stil der 1930er-Jahre. ○

■ **Passage thru India,** 235 Jl. Tun Razak, Tel. 2145 0366. Leckere indische Gerichte, fantasievoll gestaltetes Ambiente – ein Fest für die Sinne. ○

Die sich schnell ändernde Szene trumpft immer wieder mit neuen Superlativen auf, ständig entstehen neue Megadiskos, Themenkneipen, schicke Cafés und exotische Bars. Das aktuelle Angebot finden Sie in den Tageszeitungen.

Wer sich zur Szene rechnet, zeigt sich ausgestattet mit dem neuesten Sportwagen und schicken Designerklamotten in **Bangsar,** westlich der City. oder in Desa Sri Hartamas, noch weiter außerhalb.

Im Zentrum konzentrieren sich einige modern gestylte Restaurants und Lounges in den ehemaligen chinesischen Geschäftshäusern der **Asian Heritage Row** in der Jl. Doraisamy hinter dem Sheraton Hotel Imperial.

Karte Seite 34

Eine Szene mit vielen kleinen Restaurants und Bars hat sich in der **Changkat Bukit Bintang** nördlich der Jl. Bukit Bintang und der benachbarten **Tingkat Tong Shin** entwickelt.

Zentrum der Klub- und Diskoszene ist der Bereich um die Jalan Sultan Ismail, in der Nähe der internationalen Hotels, die selbst über Nachtbars und Edeldiskos verfügen. Zu den beliebtesten Bars gehören das **Hard Rock Café** (Jl. Sultan Ismail, neben Concorde Hotel) und **Modesto's** (Jl. Ramlee, nahe Lorong Perak, mit großer Terrasse an der Hauptstraße).

In den letzten Jahren schossen zahlreiche Einkaufszentren mit Edelboutiquen, Luxusläden und Kaufhäusern aus dem Boden, darunter **Lot 10** (Jl. Sultan Ismail/Jl. Bukit Bintang), **Bukit Bintang Plaza** (Jl. Bukit Bintang), die gigantische **Mid Valley Megamall,** der angesagte **Pavilion,** Jl. Bukit Bintang, Ecke Jl. Raja Chulan, der **Berjaya Times Square,** 1 Jl. Imbi mit Vergnügungspark, und natürlich das riesige **Suria KLCC** in den unteren 6 Etagen der Petronas Twin Towers.

Foodmarkets

Preiswert und geschätzt sind die zahlreichen Stände auf den Essmärkten in Chinatown und um die Jalan Bukit Bintang, u. a. in der Jl. Alor. Eine breite Auswahl an guten *foodstalls* gibt es im KLCC (4. Stock) und im The Mall Shopping Complex (4. Stock).

**Karte
Seite
34**

Außerdem locken Straßenmärkte: **Chow Kit** (tgl. an der nördlichen Jl. Tuanku Abdul Rahman), vor allem der **Nachtmarkt** in Chinatown (Jl. Petaling) sowie ein kleinerer in der Jl. Melayu nahe der LRT-Station Masjid Jamek. Hier konzentrieren sich Essstände und zahlreiche Stände mit kopierten Markenwaren – Handeln ist ein Muss.

Im **Kompleks Budaya Kraf,** Jl. Conlay, verkaufen Läden Kunsthandwerksprodukte, vom Batikschal bis zum Riesengong. Das Angebot ist umfassend, die Festpreise sind aber etwas höher als auf den Märkten. Ein Craft Museum informiert über die unterschiedlichen Kunsttraditionen (tgl. 9–18 Uhr, So öffnen wenige Läden).

Eine weitere gute Adresse für Kunsthandwerk ist der **Central Market** (s. S. 33), v. a. für Batik und Holzschnitzereien.

Ausflüge

*Batu-Höhlen

Nur 12 km nördlich erhebt sich ein mächtiges Kalksteinmassiv, das im Innern von Höhlen durchzogen wird. Die größte, **Dark Cave,** kann im Rahmen eine halbstündigen Führung oder einer 2- bis 3-stündigen abenteuerlichen Tour der Malaysian Nature Society von 9 bis 17 Uhr erkundet werden. (Tel. 3166 0304, www.darkcave.com.my.) 272 Stufen führen hinauf zur **Light Cave.** Hier befindet sich das bedeutendste Heiligtum der malaysischen Hindus, der Schrein des Gottes Subramaniam. Am Treppenaufgang steht die riesige, goldfarbene Statue von Lord Nataraja (Shiva). Bereits seit 1892 pilgern alljährlich im Frühjahr Millionen Hindus zu den Höhlen und feiern das ****Thaipusam-Fest** zu Ehren ihrer Gottheit (s. u.). (Tgl. 7–21 Uhr.)

Busverbindung: Metro-Bus 11 ab Central Market, Chinatown, etwa alle 30 Min.

Shah Alam

Hauptattraktion der Stadt 25 km westlich an der Autobahn zur Hafenstadt Kelang ist zweifellos die ***Abdul-Aziz-Shah-Moschee,** 1988 zum 25. Jahrestag der Thronbesteigung des Sultans

---

Nichts für schwache Nerven

Im Januar/Februar feiern die Hindus das Thaipusam-Fest zu Ehren des Kriegsgottes Subramaniam, ein Fest der Buße, Gelübde und Danksagung. Die berühmteste der feierlichen Prozessionen führt vom Sri-Mahamariamman-Tempel in K. L. zu den Batu-Höhlen. In ekstatischen Ritualen bohren sich Männer und Frauen silberne Spieße durch Zungen und Wangen – aber nur selten fließt dabei Blut. Am Spektakulärsten büßen die *kavadi*-Träger. Junge Männer befes-tigen *kavadis,* bis zu 18 kg schwere, mit Blumen und Früchten geschmückte Tragegestelle, mit metallenen Widerhaken an Rücken und Brust. Im Zustand der vollkommenen Trance erleiden sie dabei keinerlei Schmerzen. Beseelt von dem Wunsch, Subramaniam den Kavadi als Opfergabe zu überbringen, erklimmen sie die Stufen zum Höhlenheiligtum, bis sie am Rande der körperlichen Erschöpfung, aber von einem unendlichen Glücksgefühl erfasst, ihr Gelübde erfüllen.

Im kühlen Klima der Genting Highlands lässt es sich gut aushalten

von Selangor geweiht. Ihre 91,5 m hohe blauweiße Kuppel und die 140 m hohen Minarette überragen weithin sichtbar die Silhouette Shah Alams. Weißer Marmor und blaue Glasfenster prägen das kühl-elegante Innere, das bis zu 10 000 Menschen Platz bietet (Öffnungszeiten für Nicht-Muslime tgl. 8–12 und 14.30–16.15 Uhr).

Busverbindung: Cityliner-Busse mehrmals stündlich ab Kelang-Busstation, Jl. Sultan.

*Putrajaya

Zwischen K. L. und dem Flughafen wurde inmitten gepflegter Parkanlagen und Seen auf fast 5000 ha das neue Verwaltungszentrum des Landes als Modellstadt des 21. Jhs angelegt. Besonders interessant sind die Architektur der Ministerien, einer repräsentativen Moschee und futuristischer Brücken sowie die **Putrajaya Wetlands,** ein Naturschutzgebiet (www.putrajaya.net.my).

Verkehrsanbindung: mit den Zügen von KLIA Transit ab Flughafen und Hauptbahnhof. Innerhalb von Putrajaya nur wenige Busse.

Genting Highlands

Als einziges Höhenresort des Landes verdankt dieser Ort seine Existenz nicht der Vorliebe britischer Kolonialbeamter für kühle Bergluft, sondern der Spielleidenschaft der Chinesen: Eingebettet in die atemberaubende Kulisse der zentralen Bergkette, nur rund 50 km nordöstlich von K. L., thront in über 1700 m Höhe das »malaysische Las Vegas«, ein Spielkasino mit mehreren Hotels, Appartements und gigantischem Vergnügungspark (www.genting.com.my). Chinesen (Malaien ist das Glücksspiel aus religiösen Gründen untersagt) aus der Hauptstadt und selbst aus Singapur zieht es in die Berge, um ihr Glück zu versuchen.

Unterhalb des Gipfelbereichs wurde eine chinesische Tempelanlage errichtet – man will ja Glück im Spiel haben; durch ein Tor erreicht man einen Pagodenturm und dahinter einen Tempel sowie eine riesige Buddhafigur.

Busverbindung: ständig Busse und Sammeltaxis ab Pudu Raya Station und Stesen Sentral. Seilbahn auf den Gipfel.

Karte
Seite
45

*Penang

Die Perle des Orients

Die Insel an der Straße von Malakka war von jeher ein bedeutendes Handelszentrum zwischen Asien und Europa: Die Hauptstadt Georgetown wurde nicht von Sultanen, sondern von Kaufleuten gegründet. Chinesen, Inder, Malaien, Thais, Birmanen und Engländer hinterließen ihre Spuren. In der Altstadt manövrieren Trishaw-Fahrer mit stoischer Gelassenheit ihre Fahrgäste durch die engen Gassen, vorbei an prachtvollen Tempeln, englischen Kolonialbauten und unzähligen Essständen. Die Nordküste um Batu Ferringhi wartet mit feinen Sandstränden auf.

1786 gründete Sir Francis Light Georgetown. Rasch wurde der Stützpunkt ein Zentrum des Zinnhandels. Im Zweiten Weltkrieg besetzten die Japaner die Insel. Zum heutigen Bundesstaat Pulau Pinang gehört neben der Insel auch das gegenüberliegende Festland. Die Provinz Penang (1,6 Mio. Einw.) ist neben Kuala Lumpur zweites Wirtschaftszentrum Malaysias.

**Georgetown ❶

Der Rundgang durch die Stadt (200 000 Einw.) verbindet zwei unterschiedliche Viertel miteinander: den Bereich der Kolonialbauten im Nordosten und die geschäftige Chinatown.

Zu den bekannten und weniger bekannten Orten von historischer Bedeutung führt der **Heritage Trail.** Broschüren mit den Routen sind u. a. in den Infozentren erhältlich.

Koloniales Erbe

Ausgangspunkt der Tour ist der Platz vor dem 18 m hohen **Clock Tower ❹**, zu Ehren von Queen Victoria errichtet; sein Glockenschlag erinnert an den des Big Ben in London.

An der Stelle, an der 1786 Francis Light angeblich die Insel zum ersten Mal betrat, steht heute das **Fort Cornwallis ❺**. Noch erhalten sind die vier Eckbastionen und die begehbaren Wallanlagen. Im Inneren werden die Besucher von einer Statue von Sir Francis Light begrüßt. Eine Ausstellung in den ehemaligen Lagerhallen widmet sich ihm und der Geschichte der Stadt, die eng mit der britischen Handelsgesellschaft verknüpft ist. Zudem kann die einstige kleine Kapelle besichtigt werden. Tgl. außer So 9 bis 18.30 Uhr.

Die Lebuh Light führt zur schneeweißen ehemaligen **City Hall ❻** und der angrenzenen **Town Hall,** die für wechselnde Ausstellungen genutzt wird. Die Briten ließen sie im typischen Kolonialstil erbauen. Die Stadtverwaltung amtiert heute im zylinderförmigen **KOMTAR Building** an der Jalan Penang, das die Altstadt überragt. Zu seinen Füßen herrscht rund um den lokalen Busbahnhof ein ständiges Kommen und Gehen.

Hinter dem Obersten Gerichtshof erhebt sich in der Lebuh Farquhar **St. George's ❼**, die älteste anglikanische Kirche Malaysias (1818).

Direkt daneben präsentiert das **Penang-Museum ❽** die Geschichte der Insel und die ethnische Vielfalt ihrer Bewohner samt deren Alltag und Festen (Sa–Do 9–17 Uhr).

Wenn Sie der Lebuh Farquhar in Richtung Meer folgen, stehen Sie bald vor dem berühmten **Eastern & Oriental ❾**, einem der legendären Kolonialhotels Asiens. Beim jüngsten Komplettumbau blieb abgesehen von der

Die City Hall von Georgetown

Karte
Seite
41

Feierlichkeiten zum ****Thaipusam-Fest** (s. S. 38) auf der Insel. Über dem Eingangsportal in der Lebuh Queen türmt sich ein farbenprächtiger Torturm *(gopuram)* mit Darstellungen der vielfältigen hinduistischen Götterwelt auf. Im Allerheiligsten, zu dem grundsätzlich nur Priester Zutritt haben, werden Subramaniam und der elefantenköpfige Ganesha verehrt, beides Söhne von Shiva.

Schräg gegenüber fallen die Kuppeln der **Kapitan-Keling-Moschee ❶** ins Auge.

Eingangshalle nur wenig erhalten. Allerdings legt man in Suiten und Restaurants Wert auf historisches Flair.

Nicht weit entfernt liegt das chinesische ***Cheong Fatt Tze Mansion** (s. S. 42).

Religiöse Stätten
Unter den wachsamen Augen der Dachdrachen opfern die Gläubigen im chinesischen ***Kuan-Yin-Tong-Tempel ❼**, der 1801 zu Ehren der Gnadengöttin Kuan Yin errichtet wurde, Tag für Tag Räucherkerzen und Blumen.

Der indische ***Sri-Mariamman-Tempel ❽** ist Ausgangspunkt der

- ❶ Clock Tower
- ❷ Fort Cornwallis
- ❸ City Hall
- ❹ St. George's
- ❺ Penang-Museum
- ❻ Eastern & Oriental
- ❼ Kuan-Yin-Tong-Tempel
- ❽ Sri-Mariamman-Tempel
- ❾ Kapitan-Keling-Moschee
- ❿ Mesjid Melayu
- ⓚ Khoo Kongsi
- ⓛ Cheong Fatt Tze Mansion

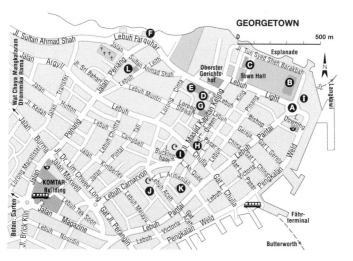

GEORGETOWN

Karte Seite 41

Das Khoo Kongsi in Georgetown

Cheong Fatt Tze Mansion

Im alten Stil erhalten blieb die **Mesjid Melayu ❹**, 1820 von einem arabischen Händler aus Aceh errichtet.

Chinesisches Erbe

Das ****Khoo Kongsi ⓚ** ist das beindruckende Clanhaus der Khoo, einem einflussreichen Clan der Insel. Das Dach, mit Drachenfiguren und anderen Symbolen der chinesischen Mythologie geradezu überladen, und das goldverzierte Innere sollen selbst den Kaiser von China zum Staunen gebracht haben. Ein Altar ist dem Schutzpatron der Khoo, Tua Sai Yeah, gewidmet. Ruhmvolle Clanmitglieder sind auf Namenstafeln verewigt. Ein

informatives Museum erläutert die Geschichte der chinesischen Einwanderer. (Tgl. 9–17 Uhr.)

Lohnend sind die einstündigen Führungen durch das ***Cheong Fatt Tze Mansion ❶** (Mo–Fr 11, 15 Uhr; 12 RM), das Domizil einer wohlhabenden Kaufmannsfamilie, das liebevoll restauriert wurde und auch Zimmer vermietet (Details s. rechts: Hotels).

Vorwahl Penang: 04

Tourism Malaysia, gegenüber dem Leuchtturm vom Fort Cornwallis, Tel. 262 0066, Mo–Fr 8–17 Uhr,

Die Kongsi von Penang

Kongsi werden die stattlichen Tempel und Versammlungshallen der mächtigen chinesischen Clans genannt, die mit dem Kongsi Wohlstand und Einfluss demonstrierten. Architektonisches Vorbild der prächtigen Bauwerke war oft der chinesische Kaiserpalast. Auch heute noch werden in den Kongsi die Geister der Ahnen verehrt und mit Opfergaben und Räucherkerzen milde gestimmt. Darüber hinaus trifft man sich dort, um wichtige Angelegenheiten des Clans zu beschließen und die Erfolge der jungen Generation, zum Beispiel einen Universitätsabschluss in den USA oder in Großbritannien, zu feiern. Penang kann sich rühmen, die meisten und schönsten Kongsi in ganz Südostasien zu besitzen. Außer dem Kongsi der Familie Khoo sind die Clanhäuser der Yeoh, Ong, Khaw und Lee sehenswert.

hält neben zahlreichen Informationen über die Stadt auch Prospekte über das ganze Land bereit. Filiale am Flughafen, tgl. 8–21 Uhr.
Im Internet informiert das **Penang Tourism Action Council** unter www.tourismpenang.gov.my auch über aktuelle Feste.

Flugverbindung: Bayan Lepas International Airport, 20 km südlich von Georgetown, Tel. 643 0811. In der Ankunftshalle werden am Taxischalter Coupons verkauft. **MAS,** Menara KWSP, 38 Jl. Sultan Ahmad Shah, Tel. 217 6323, fliegt nach Kuala Lumpur (KLIA), Singapur, Bangkok und Medan. **Air Asia,** Lebuh Chulia, Tel. 261 5642, verbindet Penang mit Medan, Jakarta, Kuching, Kota Kinabalu und Bangkok.
Firefly, KOMTAR Building, Penang Road, Tel. 250 2000, hat seine Zentrale in Penang und steuert von hier aus als weitere Ziele Langkawi, Phuket, Ko Samui, Kota Bharu, Kuala Terengganu und Kuantan an.
Zugverbindung: Butterworth Railway Station auf dem Festland. Tickets im **KTM Booking Office** am Fährterminal in Georgetown, Tel. 261 0290.
Busverbindung: Stadtbusse fahren von den Busbahnhöfen am KOMTAR Building und vom Fährterminal. Rapid Bus Nr. 105 nach Batu Ferringhi, Nr. 101 nach Teluk Bahang, Nr. 302 nach Süden Richtung Flughafen, Schlangentempel u. a., Rapid-Link-Bus Nr. 201 nach Ayer Itam. Vom KOMTAR Building fährt ein Pendelbus etwa alle 30 Min. zum Express Bus Terminal in Sungai Nibong südlich der Stadt. Ein weiterer Busbahnhof liegt nahe der Fähranlegestelle auf dem Festland. Von beiden Busbahnhöfen fahren Busse und Überlandtaxis in alle Landesteile, private Minibusse auch bis nach Thailand.

Schiffsverbindung: Von 6–24 Uhr Personen- und Autofähren zwischen Butterworth und Georgetown, tagsüber alle 20 Min., nachts stündlich. Fahrt zum Festland kostenlos, nach Penang 1,20 RM pro Person, 7,70 RM pro Pkw; Mautgebühr für die Penang-Brücke 7 RM pro Pkw. Tgl. Fähren nach Langkawi (3 Std.) und Medan (Sumatra; 6 Std.). Büros der Fährgesellschaften (u. a. LFS, Tel. 264 3088) am Uhrturm.
Fahrradtrishaws bieten sich für gemächliche Fahrten durch die Chinatown geradezu an. Den Preis sollte man vor Fahrtantritt aushandeln; Minimum 10 RM.
Taxis: Taxameter sind oft »defekt«; Preis für eine kurze Strecke ab 8 RM, die Fahrt von Georgetown nach Batu Ferringhi nicht über 30 RM.

Karte Seite 41

City Bayview, 25 L. Farquhar, Tel. 263 3161, Fax 263 4124, www.bayviewhotels.com/george town. Großes Stadthotel. Vom Dachcafé hat man einen Rundblick über Chinatown und auf die Küste. ○○○

❚ **Eastern & Oriental Hotel,** 10 L. Farquhar, Tel. 222 2000, Fax 261 6333, www.e-o-hotel.com (s. auch S. 40). Das berühmte Haus aus der Kolonialära bietet 100 stilvoll rekonstruierte Suiten mit Blick aufs Meer. ○○○

❚ **Cheong Fatt Tze Mansion,** 14 L. Leith, Tel. 262 0006, Fax 262 5289, www.cheongfatttze mansion.com (s. auch S. 42). 16 individuell gestaltete Zimmer im alten Stil mit modernem Komfort, ruhiger Innenhof zum Frühstücken und Entspannen. ○○

❚ **Continental Hotel,** 5 Jl. Penang, Tel. 263 6388, Fax 263 8718, www.hotelcontinental.com.my. Bessere Zimmer im 18-stöckigen Neubau, westliches Salsas-Restaurant, Pool im 6. Stock. ○

Karte Seite 41

■ **Hutton Lodge,** 17 Jl. Hutton, Tel. 263 6003, Fax 263 6002, www. huttonlodge.com. 25 Zimmer unterschiedlicher Ausstattung in einem über hundert Jahre alten historischen Haus mit kleinem Vorgarten. ○

■ **Malaysia,** 7 Jl. Penang, Tel. 263 3311, Fax 263 1621, www.hotel malaysia.com.my. Schlichte Architektur, freundliches Personal. ○

Oriental Seafood, 42 Gurney Drive. Großes, ins Meer hinausgebautes Restaurant. ○○○

■ **Goh Huat Seng,** 59 A Jl. Kimberley. Leckeres Steamboat. ○○

■ **Oriental Café,** 62 Jl. Macalister. Gleiche Besitzer wie Oriental Seafood, etwas günstiger, aber dennoch frisch ist das Seafood an den Essensständen im Vorhof eines alten Hauses, geöffnet ab 18 Uhr. ○○

■ **Eden,** 15 Jl. Hutton. Etabliertes Restaurant, das Seafood und Steaks serviert. ○○

■ **Kayu Nasi Kandar,** Jl. Penang, neben dem Krishna-Tempel. Großes Selbstbedienungsrestaurant mit malaiischen Gerichten. ○

■ **Spice & Rice,** 1 Green Hall, Tel. 261 8585. Bar und Restaurant in alten Gemäuern, wo sich einst die Textilhändler trafen. Nord- und südindische Gerichte, auch viel Vegetarisches, eine große Auswahl indischer Brote und westlicher Kuchen. ○

■ **Kashmir,** im Oriental Hotel, 105 Jl. Penang. Der Klassiker für gehaltvolle nordinidsche Currys. ○

■ **The Green House,** Lebuh Muntri/ Lebuh Leith. Kleines Café in einem alten chinesischen Geschäftshaus, das ein australisches Ehepaar liebevoll restauriert hat. Wechselnde westliche Tagesgerichte sowie Sandwiches, Pizza und leckere Desserts, guter Kaffee und viele Infos. Geöffnet Di–Sa 9.30–17 Uhr. ○

■ **Segafredo Espresso,** Jl. Penang, nahe de Eastern & Oriental Hotel. Ein kleines Café mit einigen Tischen im Freien und Espresso wie in Italien.○

■ **Kheng Ah Cafe,** L. Carnavon. Bei Einheimischen beliebtes chinesisches Restaurant. ○

■ *Seafood*-Lokale befinden sich auch in **Tanjung Bungah** (zwischen Stadt und Batu Ferringhi) und am **Gurney Drive** im Vorort Pulau Tikus.

■ **Edelweiss Café,** 38 Lebuh Armenian, Tel. 261 8935. Theresa, eine der besten Guides der Stadt, betreibt mit ihrem schweizer Mann Urs ein nettes, keines Restaurant, in dessen Obergeschoss sich zudem ein interessantes Museum verbirgt. ○

Ob beim Guinness-Bier in schummrigen Bars oder bei einem exotischen Cocktail in eleganten Hotels, ob in Freiluftlokalen oder in den Diskos – hier kann jeder auf seine Art die Nacht zum Tag machen. **Bars und Pubs: Hongkong Bar,** 371 Jl. Chulia, sind etwas für Leute, die es beim Bierkonsum mit den robusten Seebären, die hier verkehren, aufnehmen können. **The Ship,** Jl. Sri Bahari: Livemusik im Restaurant. Die beliebtesten Diskos sind **Desperados** im Traders (Georgetown), **Mambo Chill Out** im Gurney Hotel (18 Gurney Dive) und **Glo** im City Bayview.

V. a. in **Chinatown** finden Sie von Antiquitäten bis Zinnfiguren alle Kunsthandwerkserzeugnisse und Souvenirs. Ein besonders großes Angebot bieten die Läden in und um **Jalan Penang, Lebuh Chulia** und **Lebuh Campbell.** Geschäfte konzentrieren sich auch im **KOMTAR Building** und in den Einkaufszentren, darunter **Midlands Park** in Pulau Tikus und **Plaza Gurney,** Gurney Drive.

Die Strände

An den weißen Sandstränden und entlang der Hauptstraße in der Nähe von **Batu Ferringhi ❷** reihen sich zahlreiche Hotels und Restaurants kilometerweit aneinander. Das Meerwasser hat durch touristische Erschließung und die Abwässer der nicht allzu weit entfernten Industriegebiete und Tankerrouten an Qualität eingebüßt.

Beschaulicher ist das Dorf **Teluk Bahang ❸** am Eingang des Penang National Park. Der kleine Hafen, Markt und die Moschee prägen den Ort noch immer. Am schmalen Badestrand ist ein Hard Rock Hotel geplant.

Boote können für Ausflüge zu den abgelegeneren Stränden des **Penang National Parks** gemietet werden. Sie sind auch auf Wanderpfaden durch den Wald zu erreichen. Guides bieten am Parkeingang geführte Touren zur Vogelbeobachtung an. Touren zur Schildkrötenstation am **Pantai Kerachut** werden in der Saison von April bis August nachmittags durchgeführt, bei denen man die frisch geschlüpften Schildkröten freilassen kann.

Busverbindung: Ab KOMTAR-Hochhaus mit Rapid Bus Nr. 105 nach Batu Ferringhi und mit Nr. 101 nach Teluk Bahang.

Karte Seite 45

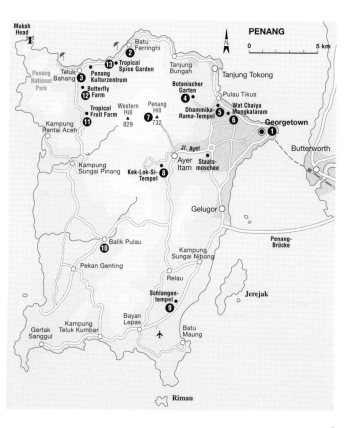

Karte
Seite
45

Shangri-La's Rasa Sayang Resort, am Ortseingang Batu Ferringhi, Tel. 04/881 1811, Fax 881 1984, www.shangri-la.com. Eines der besten Hotels, in einer gepflegten Gartenanlage direkt am Strand, erstrahlt nach der Renovierung in frischem Glanz. ○○○

▌ **Shangri-La's Golden Sands Resort,** Tel. 04/881 1911, Fax 881 1880, www.shangri-la.com. 395 Zimmer in einer Gartenanlage mit zwei Landschaftspools; wartet mit einem breiten Sportangebot und drei Restaurants auf. ○○○

▌ **Lone Pine,** Tel. 04/881 1511-2, Fax 8811282, www.lonepinehotel.com. Das älteste Strandhotel hat durch eine Luxussanierung seinen besonderen Stil erhalten. Wer ein individuelles Resort sucht, ist hier richtig. ○○○

▌ **Shalini's Guest House,** Tel. 04/881 1859, ahlooi@pc.jaring.my. In einer Nebenstraße zwischen Straße und Strand gelegen, im alten Ortskern von Batu Ferringhi. Von den preiswerten Unterkünften in dieser Straße ist das Shalini's eine der komfortabelsten. ○

Alle an der Hauptstraße Jalan Batu Ferringhi:

▌ **Eden Seafood Village.** Ein Dorado für Seafood-Genießer. ○○○

▌ **Ferringhi Village.** Fisch und Meeresfrüchte munden hier in allen Variationen. ○○○

▌ **The Ship.** In einem alten Segelschiff werden neben asiatischen Gerichten auch Steaks serviert. ○○○

▌ **Deep Sea.** Meeresfrüchte, Meeresfrüchte, Meeresfrüchte ... ○○

▌ **Happy Garden.** Einfach, in einem schönen Garten gelegen. ○

▌ In Teluk Bahang konzentrieren sich einfache Lokale in der Nähe des Kreisverkehrs.

Ausflüge

Zahlreiche Reisebüros in Georgetown und an den Stränden bieten organisierte Ausflüge auf der Insel an. Sie können Penang aber auch ohne Probleme per Überlandtaxi oder öffentlichen Bussen selbst erkunden.

Botanischer Garten ❹

Ein Steinbruch in einem Tal nordwestlich der Innenstadt wurde bereits vor über 100 Jahren mit den schönsten tropischen Pflanzen der Insel rekultiviert. Im vorderen Teil können Sie durch ein kleines Areal mit ursprünglicher Regenwaldvegetation spazieren. (Anfahrt mit dem Rapid Bus 102.)

Birma und Thailand auf Penang

Hinter einem Elefantentor verbirgt sich die birmanische Tempelanlage **Dhammika Rama** ❺. Wenig südlich lohnt in der Lorong Burmah, einer Seitenstraße der Jalan Kelawei, das thailändische ***Wat Chaiya Mangkalaram** ❻ einen Besuch. Furcht einflößende Wächter und ein Drache am Eingang beschützen den liegenden Buddha im Innern. Er zählt mit 33 m Länge zu den größten liegenden Buddhastatuen. (Anfahrt mit Rapid Bus Nr. 101, 103–105.)

*Penang Hill (Bukit Bendera) ❼

Auf dem Weg zum 732 m hohen Hausberg der Stadt können Sie die von einer goldenen Kuppel gekrönte, riesige, runde **Staatsmoschee** besichtigen. Kurz vor Ayer Itam erreichen Sie mit dem Bus 204 die Talstation der **Penang Hill Railway,** einer Schweizer Zahnradbahn von 1923, die Sie in knapp 1 Std. auf den Berg bringt. Vom

Der Kek-Lok-Si-Tempel mit der Pagode der zehntausend Buddhas

Karte Seite 45

Gipfelbereich, dem **Strawberry Hill,** reicht der Blick über Stadt und Hafen bis hinüber aufs Festland.

Ein Restaurant an der Bergstation sorgt für Ihr leibliches Wohl, Souvenirstände laden zum Stöbern ein. Wer länger bleiben will, kann sich im Hotel einquartieren und den gefiedertern Sängern im angeschlossenen Vogelpark lauschen. Ausgeschilderte Wanderwege führen durch den Bergwald und hinab zum Botanischen Garten.

**Kek-Lok-Si-Tempel ❽

Die größte buddhistische Wallfahrtsstätte des Landes zieht sich einen Hügel oberhalb von Ayer Itam hinauf. Mehrere Innenhöfe mit Pagoden und Gebetshallen laden zum Verweilen ein. Überragt wird das Areal von einer großen, weißen Kuan-Yin-Statue und der 33 m hohen **Pagode der zehntausend Buddhas,** die chinesische, thailändische und birmanische Stilelemente vereint. Auf Wandkacheln im Innern ist das Abbild Buddhas verewigt. Von der Endstation von Bus 201 und 204 in Air Itam führen ein steiler Fußweg entlang unzähliger Souvenir- und Devotionalienstände sowie eine kleine Bergbahn hinauf zur Tempelanlage (geöffnet tgl. 8–17 Uhr).

Schlangentempel ❾

150 Jahre alt ist das unspektakuläre Heiligtum, in dem giftige, grüngelb gemusterte Vipern als Beschützer verehrt werden. Was auf den ersten Blick erschauern lässt, entpuppt sich als ziemlich ungefährliche Sache. Betäubt vom Duft der Räucherstäbchen dösen nur wenige Schlangen den ganzen Tag benebelt vor sich hin. Einigen Exemplaren wurden trotzdem die Giftzähne gezogen, sicher ist sicher. Geweiht ist der Tempel dem Schutzgott Chor Soo Kong, dem heilende Kräfte nachgesagt werden. (Tgl. 7–19 Uhr.)

Balik Pulau ❿

Landschaftlich wunderschön ist die kurvenreiche Straße von Kampung Teluk Kumbar im Süden der Insel über Pekan Genting in die grüne Berglandschaft um Balik Pulau. Kautschukplantagen und Gemüsefelder, hier und da Obst- und Muskatbäume bestimmen das Landschaftsbild. Ein interessanter Ausflug allemal: Der neue Markt neben der Busstation ist noch immer sehr beschaulich – ganz anders als das geschäftige Treiben in der Stadt. (Yellow Bus Nr. 76 und Rapid Bus 401 nach Balik Pulau. Weiter nach Teluk Bahang mit Rapid Bus Nr. 501.)

Tropical Fruit Farm ⓫

An der Straße zwischen Balik Pulau und Teluk Bahang gedeihen in der 11 ha großen Anlage über 200 tropische Früchte aus aller Welt. Besucher können durch die Gärten wandern, sich von Mitarbeitern die Pflanzen erklären lassen und sie in einem Laden kaufen und kosten (tgl. 9–18 Uhr, www. tropicalfruits.com.my, Farmtour 25 RM).

Butterfly Farm ⓬

In einem großzügigen Freigehege flattern rund 120 Schmetterlingsarten in den exotischsten Farben und Formen – Fotografen werden begeistert sein. Daneben gibt es Spinnen, Skorpione, Eidechsen und Frösche (tgl. 9–17 Uhr, 15 RM) zu bestaunen.

Tropical Spice Garden ⓭

In einem Dschungelgebiet am Hang oberhalb der Straße nach Teluk Bahang grünen in einem Garten über 500 tropische Pflanzenarten, Farne, Palmen, Orchideen sowie Gewürzpflanzen. Zudem ein Gewürz-Museum und Café mit schöner Aussicht. (Tgl. 9–18 Uhr, Touren um 9.30, 11 und 12.30 Uhr, 13 RM, Tel. 04/881 1797, www.tropicalspicegarden.com.)

*Langkawi

Archipel der Legenden

Am Ausgang der Straße von Malakka in den Indischen Ozean liegt der Langkawi-Archipel. Schroffe Bergkämme und waldbedeckte Hügel, Reisfelder und zahlreiche Meeresbuchten mit herrlichen Sandstränden werden überragt vom fast 900 m hohen Gunung Raya. Um die Hauptinsel gruppieren sich über 100 weitere Inseln von paradiesischer Schönheit, fast alle unbewohnt, einige umgeben von Korallenriffen. Durch die Lage im Regenschatten Sumatras fällt selbst die Hauptregenzeit (Okt./Nov., April, Juni) eher schwach aus.

Kuah ❶

Auf Pulau Langkawi liegt der Hauptort Kuah mit Postamt, Märkten und Behörden. Hier konzentrieren sich auch die zahlreichen Geschäfte, in denen es zollfreie Waren zu kaufen gibt, von Alkoholika aus Europa bis zu Zigaretten aus Indonesien. Zwischen Fährterminal und Ortszentrum liegt der Legenda Park, begrenzt von einem großen Seeadler-Denkmal im Osten und der pittoresken, alten Moschee im Westen.

Barn Thai, Kp. Belanga Pechah (zw. Kuah und Padang Lalang), Tel. 04/966 6699. Thai-Küche zwischen Mangroven am Fluss. ❍❍❍ Essensstände und kleine Restaurants konzentrieren sich am Pesiaran Mutiara 2, der Straße zum Tiara Hotel, darunter das **Wonderland** mit gutem Seafood (❍❍). Im »Bankenviertel«, nahe der Straße nach Padang Lalang, serviert das einfache **Domino** deutsche Gerichte (❍❍).

Die Strände

Karte Seite 52

Die kilometerlangen palmengesäumten Sandstränge *Pantai Cenang ❷ und **Pantai Tengah** ❸ im Südwesten der Insel, nur durch ein kleines Felskap voneinander getrennt, bieten ideale Bademöglichkeiten, eine gelassene Atmosphäre und allabendlich einen herrlichen Sonnenuntergang. Große Resorthotels und einfache Chaletanlagen reihen sich aneinander. Dazwischen offerieren Restaurants, Cafés, Souvenirshops, Reisebüros, Auto- und Mopedverleiher ihre Dienste. Ein lohnendes Ziel ist das Meeresaquarium *Underwater World mit einer Abteilung über den südafrikanischen Regenwald und die Welt der Pinguine (Südende des Pantai Cenang, tgl. 10 bis 18 Uhr, 38 RM). Rings um das kleine **Reismuseum** (Laman Padi) wird Reis ausgepflanzt und geerntet. Zu erkunden ist auch ein kleiner Heilkräutergarten. (Tgl. 9–13 Uhr, Eintritt frei.) Nicht weit entfernt kann man im Laden der **Glasbläserei Langkawi Crystal** den Arbeitern beim Blasen der zerbrechlichen Gegenstände über die Schulter schauen.

Im äußersten Westen liegen, umgeben von schroffen Berggipfeln, die malerischen Buchten von Pantai Kok und Teluk Burau.

Am **Pantai Kok** ❹ erstreckt sich der neue Harbour Park in einer Lagune, mit künstlicher Halbinsel und einem Leuchtturm.

Im Oriental Village in der **Teluk Burau** ❺ liegen in einem weitläufigen Park rings um einen See mehrere Restaurants, Essensstände und Souvenirshops, ein Hotel sowie das Geopark InfoCentre, ein nicht nur für Geologen interessantes Museum über die erdgeschichtliche Entwicklung der Insel. Die meisten Besucher kommen hierher, um mit einer 950 m langen Seil-

Karte
Seite
52

Sie wollen die Seele baumeln lassen? Fahren Sie an den Pantai Cenang

bahn auf einen der höchsten Berge der Insel hinaufzufahren (Fr–So, Fei 9.30–19, Mo–Do 10–18 Uhr, 25 RM). Oben bietet sich von Metallplattformen und Brücken aus eine herrliche ****Aussicht.**

Nur wenige Kilometer landeinwärts des Oriental Village verlocken ein Wasserfall und **Telaga Tujuh** ❻ mit seinen Becken zu einem erfrischenden Bad.

Am Pantai Cenang:
Meritus Pelangi Beach Resort & Spa,
Tel. 04/952 8888, Fax 952 8899, www.meritus-hotels.com. Die Luxusanlage im malaiischen Kampung-Stil gilt noch immer als erste Adresse am Cenang-Strand. ○○○

■ **Beach Garden Resort,** Tel. 04/955 1363, Fax 955 1221, www.beach gardenresort.com. Freundliche, familiäre Anlage unter deutscher Leitung. Im Restaurant am Strand gibt's asiatische und europäische Gerichte. ○○

■ **Malibest Resort,** Tel. 04/955 8222, Fax 955 2822. Große Anlage mit einer breiten Auswahl – von einfachen Reihenhäusern bis zu Baumhäusern direkt am Strand. ○–○○

■ **Nadia's Inn,** Tel. 04/955 1403, Fax 955 1405, www.nadiasinn.com.my. Gepflegte Anlage mit eigenem Pool.

Vom Strand durch die Hauptstraße getrennt. ○

Am Pantai Tengah:
■ **Langkawi Holiday Villa,**
Tel. 04/955 1701, Fax 955 1504, www.holidayvilla.com.my.
260 geräumige Zimmer sowie mehrere Restaurants. ○○○

■ **Sunset Beach Resort,** Tel. 04/955 1751, www.sungrouplangkawi.com. Der kreative Designer Jeffery Leong hat hier seinen Traum von einem kleinen Resort mit Bali-Atmosphäre auf einem schmalen Grundstück verwirklicht. ○○

An der Teluk Burau:
■ **Berjaya Langkawi Beach Resort,** Tel. 04/959 1888, Fax 959 1886, www.berjayaresorts.com.my. Bungalows auf Stelzen im Meer oder zwischen Urwaldbäumen am Berghang; eigener Strand und Golfplatz. ○○○

■ **Mutiara Burau Bay Resort,** Tel. 04/959 1061, Fax 959 1172, www.mutiara hotels.com. Komfortable Chalets in üppiger Gartenanlage. ○○○

Bon Ton, zwischen Pantai Tengah und Airport. In einer Gartenanlage stehen mehrere traditionelle Häuser und das stilvoll

eingerichtete, luftige Restaurant, in dem westliche und Nonya-Gerichte serviert werden. Abholservice unter Tel. 04/955 3643. ○○○
■ **Sunsutra,** Pantai Tengah, Tel. 04/953 1800. Modern gestyltes, offenes Restaurant mit innovativer Fusion Cuisine, klimatisierter Long Bar Sunkarma und rustikalem Pub Sunba. Etwas weiter nördlich das **Sun Cafe,** eingerichtet von Jeffery Leong (s. Sunset Beach Resort). ○○
■ **Sheela's,** gegenüber dem Langkawi Village Resort (Mo geschl.). Malaiisches Seafood und europäische Gerichte. ○

Inselrundfahrt

Per Mietwagen oder Moped kann man die Insel bequem erkunden. Mietwagenfirmen sind in den großen Hotels vertreten, Mopedverleiher an den Stränden und in Kuah (etwa 25 bis 30 RM/Tag; Helmpflicht!).

Karte Seite 52

Die Beschreibung der Sehenswürdigkeiten beginnt in Kuah und folgt, mit kleineren Abstechern, der Inselringstraße. Hinter dem Hospital, 8 km westlich von Kuah, zweigt rechts eine Straße zum **Grabmal der Prinzessin Mahsuri** ❼ (siehe auch Exkurs unten) ab. Neben dem als Pilgerstätte verehrten Grab ist ein schönes Bauernhaus im regionalen Baustil zu besichtigen.

Zurück auf der Hauptstraße geht es nach Padang Matsirat. Im **Atma Alam Batik Art Village** ❽ am Ortseingang kaufen Sie kunsthandwerkliche Erzeugnisse zu günstigen Festpreisen. Nach telefonischer Anmeldung können Sie hier auch Batikkurse machen (Tel. 04/955 2615).

Die Inselringstraße, die kurvenreich an der Küste entlangführt, erreicht schließlich die Strände von Pantai Kok und Teluk Burau.

Eine Stichstraße führt zur **Datai-Bucht** ❾, wo zwei abgelegene Luxusresorts eine gute Ausgangsbasis für Naturbeobachtungen sind.

Das Ende eines Fluches?

Einst wurde Prinzessin Mahsuri, des Ehebruchs für schuldig befunden, zum Tode verurteilt. Als bei ihrer Hinrichtung aus der Wunde weißes Blut zum Zeichen ihrer Unschuld floss, erkannte man den tragischen Irrtum. Vor ihrem Tod verfluchte Mahsuri die kommenden sieben Generationen. Und tatsächlich, über Jahrhunderte fristeten die Menschen Langkawis ein tristes Dasein. Nach nunmehr sieben Generationen scheint der Fluch ausgestanden zu sein. Die Regierung beschloss, die Insel zum Tourismuszentrum auszubauen und erklärte sie 1987 zum zollfreien Ge-

biet. Die Hauptinsel erhielt Asphaltstraßen, Strom- und Wasserversorgung, einen internationalen Flughafen und ein neues Fährterminal. Immer zahlreicher entstanden die Hotels in Kuah und an den Stränden. Aber der Tourismus hat auch Kehrseiten: zunehmender Autoverkehr auf der Insel, trübes Wasser und Küstenerosion durch Landaufschüttungen und den Bau von Wellenbrechern, gesichtslose Bettenburgen und Investitionsruinen an malerischen Stränden. Sollte der Fluch der Prinzessin Mahsuri vielleicht doch noch seine Wirkung zeigen?

Karte
Seite
52

Andaman Resort,
Tel. 04/959 1088, Fax 959 1168,
www.theandaman.com. Gepflegt und
vom Dschungel umgeben; interessantes Angebot für Naturfreunde. ○○○
■ **The Datai,** Datai-Bucht,
Tel. 04/959 2500, Fax 955 2600,
www.ghmhotels.com/thedatai.
Hoch über dem Privatstrand mitten
im Dschungel liegt das 5-Sterne-
Resort mit Golfplatz und Spa. ○○○

Zurück auf der Inselringstraße geht es
die Nordküste entlang, vorbei am
Cargohafen mit der weithin sichtbaren
Zementfabrik und dem Kunsthandwerkszentrum **Kompleks Langkawi
Kraf ⑩** nach Padang Lalang, wo man
am Wochenende den Handwerkern
zusehen kann. Das Angebot ist groß
und reicht von moderner Seidenbatik
und Silberschmuck bis zu Massenware
(auf vielen Märkten billiger zu
haben). Im hinteren Bereich kann man
Batikkünstlern zuschauen und traditionelle
Festtagskleidung bestaunen.
    Im Kreisverkehr zweigt eine Stichstraße
in Richtung Norden zum **Tan-**

jung Rhu ⑪ ab: feiner Sandstrand,
Schatten spendende Casuarina-Bäume,
bizarre Felsen im seichten Wasser
und eine schroffe Bergkulisse. Man
kann am Ende der Straße in Strandnähe
baden (Vorsicht: weiter draußen
gibt es starke Strömungen!), sich
einen Kajak mieten oder in einfachen
Lokalen frischen Kokosnusssaft genießen.
Bald darauf ist **Air Hangat ⑫**
erreicht; hier sprudeln warme Quellen
aus dem Boden.

Tanjung Rhu Resort,
Tel. 04/959 1033, Fax 959 1899,
www.tanjungrhu.com.my. 5-Sterne-
Strandresort in tropischer Gartenanlage
mit 2 Pools, Spa und Wassersportmöglichkeiten. ○○○
■ **Four Seasons Resort,** Tel. 04/
950 8888, www.fourseasons.com/
langkawi. Neues, abgeschirmtes
5-Sterne-Luxusresort am Strand. ○○○

i **Tourism Malaysia Office
(MTPB),** Jl. Persiaran Putera,
Kuah, Tel. 04/966 7789 (tgl. 9–17 Uhr).
Zweigstelle: Flughafen (tgl. 9–18 Uhr).

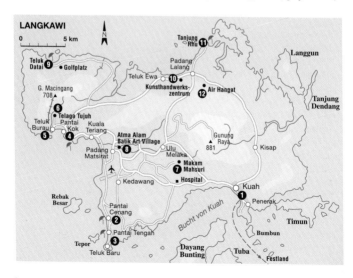

LANGKAWI
0   5 km   N

Tanjung Rhu ⑪
Langgun
Teluk Datai ⑨ • Golfplatz
Padang Lalang
Teluk Ewa ⑩
Kunsthandwerkszentrum ⑫ Air Hangat
G. Macingang 708 ▲
Tanjung Dendang
⑥
• Telaga Tujuh
Teluk Burau   Pantai   Kuala
④ Kok Teriang
⑤
Atma Alam Batik Art Village
⑧
Gunung Raya 881 ▲
Kisap
Padang Matsirat
Ulu Melaka
Makam Mahsuri ⑦
Kedawang   ■ Hospital
Kuah ❶
Rebak Besar
Penerak
Pantai Cenang ❷
Bucht von Kuah
Timun
Pantai Tengah ❸
Bumbun
Tepor
Teluk Baru
Dayang Bunting   Tuba
Festland

Flugverbindung: Flughafen (Tel. 04/955 1322) im Westen der Insel bei Padang Matsirat, unweit des Cenang-Strandes. In der Ankunftshalle werden Coupons für Taxis verkauft. MAS fliegt täglich nach Kuala Lumpur, Hongkong und Singapur, Air Asia nach Kuala Lumpur, mit Firefly zudem nach Penang und mit Silk Air nach Singapur.

Busverbindung: Auf Langkawi fahren keine öffentlichen Busse, aber zahlreiche Taxis und Minibusse.

Schiffsverbindung: Fährterminal im Osten der Bucht von Kuah; stündlich bis gegen 19 Uhr Verbindungen mit Kuala Perlis und Kuala Kedah, 2-mal täglich nach Penang (LFS, Tel. 04/966 1125, www.langkawi-ferry.com), 3- bis 4-mal nach Satun (Thailand) und einmal täglich über Ko Lipe und Trang nach Ko Lanta.

Ausflüge zu Nachbarinseln

Hotels und Reisebüros bieten Tagesausflüge zu vielen Nachbarinseln an:

*Dayang Bunting, die »Insel des schwangeren Mädchens«, ist die zweitgrößte Insel des Archipels. Hauptattraktion ist ein Süßwassersee, auf dem Pontons schwimmen, in denen auch Nichtschwimmer baden gehen können. Aber Achtung – einer alten Legende nach verfügt der See über magische Kräfte: Kinderlose Paare sollen angeblich nach einem Bad auf Nachwuchs hoffen dürfen.

Die Gewässer um die kleine Insel **Payar,** auf halbem Weg zwischen Langkawi und Penang, wurden zum Schutz der Korallenriffe zum **Marine Park** erklärt. Für Taucher und Schnorchler werden Tagestouren von Langkawi aus angeboten. Tauchbasen auf der Hauptinsel bieten auch Kurse an.

****Taman Negara**

Karte Seite 79

Das grüne Herz Malaysias

Das Innere der Malaiischen Halbinsel birgt einen kostbaren Schatz: den ältesten und artenreichsten Regenwald der Erde. Unbeeinflusst von globalen Klimaschwankungen konnte er sich über 130 Millionen Jahre lang ungestört entwickeln. Im Nationalpark gibt es kurze und längere Wanderwege, von Hochständen aus lässt sich in Ruhe die Natur beobachten. Boote bringen die Besucher auf Urwaldflüssen zu Stromschnellen inmitten einer paradiesischen Natur. Mit Regen müssen Sie immer rechnen. In der Hauptregenzeit von November bis Januar ist ein Besuch nicht empfehlenswert. Mindestens drei Tage Zeit sollten Sie sich nehmen.

Seit 1938 stehen 4350 km² weitgehend unberührten Primärwaldes im Grenzgebiet der Bundesstaaten Pahang, Kelantan und Terengganu als Nationalpark unter staatlichem Schutz. Das schwer zugängliche hügelige Naturreservat wird von zahlreichen Bächen und Flüssen durchschnitten. Im zentralen Bergmassiv ist der **Gunung Tahan** mit 2187 m die höchste Erhebung der Malaiischen Halbinsel. Die Evolution trieb hier im wahrsten Sinne des Wortes seltsame Blüten. So finden sich im Nationalpark weit über 8000 verschiedene Pflanzenarten, etwa so viele wie auf dem gesamten nordamerikanischen Kontinent! Unzählige Tierarten haben im Taman Negara ihre Heimat, darunter allein über 250 Vogelarten. Tiger und Elefanten bekommen Besucher normalerweise nicht zu Gesicht. Der Reiz des Dschungels erschließt sich eher

Karte Seite 79

im Kleinen und Verborgenen: Tierspuren, das Rufen der Affen und das Flügelschlagen der Vögel über den Baumwipfeln, bizarre Blätter, die sich als perfekt getarnte Insekten entpuppen, schillernde Schmetterlinge, Orchideen und Lianen, die sich an Baumriesen heften.

Wanderungen

In der näheren Umgebung des Parkhauptquartiers in **Kuala Tahan** sind kurze Rundwanderwege markiert. Zusätzlich informieren auf den Strecken Bulatan Paya (ab dem Resort) und Bulatan Rimba (ab dem Campingplatz) Tafeln über Flora und Fauna des Waldgebietes. Schon etwas anspruchsvoller und schweißtreibender ist die mehrstündige Wanderung zum **Bukit Teresek,** einem kleinen Berg nördlich des Hauptquartiers.

Am Beginn der Wanderung zum Bukit Teresek kommt man zu einem ****Canopy Walkway:** Von neun insgesamt 530 m langen Hängebrücken in den Wipfeln der Bäume können Schwindelfreie den Regenwald aus 20 bis 45 m Höhe erleben. (Tgl. 9–15.30, Fr 9–12 Uhr.)

Im Süden des Nationalparks liegt die Fledermaushöhle **Gua Telinga,** die in einem mehrstündigen Fußmarsch vom Parkhauptquartier auf der anderen Flussseite (Sie werden in Booten übergesetzt) aus zu erreichen ist. Oder Sie lassen sich auf dem Sungai Tembeling abwärts bis zur Anlegestelle Pangkalan Gua bringen; von dort laufen Sie etwa eine halbe Stunde zum Eingang der teilweise recht engen Höhle. Der strenge Geruch im Inneren verrät, wer die Höhle bewohnt.

Etwas geruhsamer, aber nicht minder eindrucksvoll sind die mehrstündigen ***Bootsfahrten** auf Sungai Tahan und Sungai Tembeling. Beliebtes Ziel sind die Stromschnellen von Lata Berkoh und Siedlungen der Orang Asli.

Tierbeobachtungen

Viele kommen wegen der Tierwelt des Regenwaldes. Leider hat der Jahr für Jahr zunehmende Besucherstrom die scheuen Waldbewohner immer weiter in den undurchdringlichen Wald zurückgedrängt. Die größte Chance, Tiere zu Gesicht zu bekommen, bieten die Hochstände (hides), die an mehreren Stellen im Nationalpark aufgestellt wurden, meist an Lichtungen, Bächen oder Salzleckstellen. Mit etwas Glück und Geduld können Affen, Nashornvögel, Hirsche, Wildschweine oder bisweilen sogar Tapire gesichtet werden.

Je weiter die Hochstände von Kuala Tahan entfernt sind, desto größer ist die Wahrscheinlichkeit, in der Dämmerung wilde Tiere zu sehen. Wer genug Ausdauer und Abenteuerlust hat: Die meisten Hochstände sind sogar für Übernachtungen ausgestattet, damit auch nachtaktive Tiere beobachtet werden können.

Trekkingtour auf den Tahan

Mit einheimischen Führern und einer Genehmigung der Nationalparkverwaltung kann man den Gunung Tahan besteigen. Über Bäche und Flüsse führt die etwa einwöchige Trekkingtour hinauf in über 2000 m Höhe. Übernachtet wird in Zelten und Schlafsäcken.

Riesenblätter im Urwald

Gunung Tahan

Karte
Seite
79

**Department of Wildlife &
National Parks,** Kuala Tahan.
Wanderkarte und Informationen er-
hältlich, Film- und Videovorführungen
zum Taman Negara.
▮ Besuchsgenehmigung für den
Park erhält man beim **Department of
Wildlife & National Parks** an der
Jetty in Kuala Tembeling oder am
Parkeingang.

Busverbindung: Mit Überlandbussen
von Kuala Lumpur und Kuantan nach
Jerantut, von dort Busse und Taxis
weiter nach Kuala Tahan (dem Eingangstor zum Taman Negara). Weit
schöner ist die Anreise über Kuala
Tembeling, von wo aus schmale Boote um 9 und 14 Uhr in 2–3 Stunden
den Sungai Tembeling aufwärts nach
Kuala Tahan fahren. Nach Kuala
Tembeling fahren Busse und Taxis ab
Jerantut sowie Busse diverser Reiseveranstalter ab Kuala Lumpur.
Wer mit diesen Bussen fährt, sollte
sich nicht zum Buchen von Unterkünften und Touren drängen lassen.

Mutiara Taman Negara, Kuala
Tahan, beim Parkhauptquartier,
Tel. 09/266 2200, Fax 266 1500,
www.mutiarahotels.com. Das einzige
Resort innerhalb der Grenzen des
Parks bietet Unterkünfte in luxuriösen
Chalets mit Klimaanlage (○○○).

Zudem gibt es einen Campingplatz
der Nationalparkverwaltung (einfache
Zelte können ausgeliehen werden).
Das Restaurant ist teuer und durch-
schnittlich, Lebensmittel für Touren
können gekauft werden.
Gegenüber von Kuala Tahan, jenseits
des Sungai Tembeling und damit
bereits außerhalb der Grenzen des
Nationalparks (Fähre 1 RM), kann man
in zahlreichen einfachen Chalets und
Schlafsaalbetten übernachten.
▮ **Woodland Resort,** in einer
Kautschukplantage, Tel. 09/266 1111,
Fax 266 2111. Großes Resort mit
klimatisierten Chalets, Zimmern und
Schlafsälen; Pool, Restaurant. ○○
▮ **Traveller's Home,** 2 km flussab-
wärts am Dorfrand, Tel. 09/266 7766,
Fax 266 6686, www.travellershome.
com.my. Homestay mit Familienan-
schluss. Klimatisierte Zimmer sowie
Bungalows im Garten. Gemeinsames
europäisches Frühstück und lokales
Abendessen inkl. Tourenangebote,
Mopeds und Abholservice. ○○
▮ **Rainforest Resort,** Tel. 09/266 7888,
Fax 267 2352. Hübsche klimatisierte
Zimmer und Abholservice vom Boots-
steg. ○○

Am Flussufer gegenüber dem
Mutiara Taman Negara isst man
gut und preiswert in kleinen schwim-
menden Restaurants.

Karte
Seite
59

Sabah

Gipfelstürmer, Korallen-fische und Orang-Utans

Kota Kinabalu → **Gunung Kina-balu → Sandakan → *Sepilok → **Sipadan

Der Bundesstaat im Norden Borneos lockt v. a. Aktivurlauber. Unweit der Hauptstadt Kota Kinabalu wartet der Gunung Kinabalu auf Gipfelstürmer, der gleichnamige Nationalpark auf Dschungelwanderer, und Taucher begeistern Korallenriffe in klaren Gewässern, Tierfreunde die Aufzucht-station für Orang-Utans. Nehmen Sie sich für Sabah mindestens eine Woche Zeit.

Die größte der rund 70 in Sabah hei-mischen Volksgruppen sind die **Kada-zan-Dusun,** gefolgt von Chinesen. Lange waren Holzexporte wichtigste Wirtschaftsgrundlage, und Areale wurden abgeholzt. Riesige Vorkom-men an Erdöl, Steinkohle, Gold und Platin schlummern noch im Boden.

Kota Kinabalu ❶

Die Hauptstadt des Bundesstaates (400 000 Einw.) präsentiert sich als moderne Großstadt ohne besondere Reize. Ruhe und Entspannung am Strand bietet der südliche Vorort **Tan-jung Aru** sowie die herrlichen Strände ca. 20 km nördlich.

Das ***Sabah-Museum** im Süden der Stadt (Jl. Tunku Abdul Rahman) prä-sentiert die verschiedenen Volksgrup-pen und ihre traditionellen Lebens-weisen. Auch die Abteilung zu Flora und Fauna ist informativ. Die Art Galle-ry zeigt Werke zeitgenössischer ein-

heimischer Künstler, im Garten stehen typische Häuser der Volksgruppen. (Tgl. 9–17 Uhr, 15 RM.)

Der **Lok Kawi Wildlife Park,** 15 km südl. der Stadt, an der Jl. Penampang – Papar Lama, bietet die Möglichkeit, viele einheimische Tiere zu bestaunen und zu fotografieren. Tel. 088/765 793, tgl. 9.30–17.30 Uhr, Eintritt 20 RM.

ℹ Sabah Tourism Board, 51 Jl. Gaya, Tel. 088/212 121, Fax 212 075, www.sabahtourism.com; Mo–Fr 8–17, Sa, So, Fei 9–16 Uhr.
▮ **Sutera Sanctuary Lodges,** The Magellan sutera, 3. Stock, 1 Sutera Harbour Boulevard, Tel. 088/318 888, www.suterasanctuarylodges.com. Zuständig für die Unterkünfte im Kinabalu- und Tunku-Abdul-Rahman-Nationalpark. Sie verweisen jedoch gern auf Reisebüros, die teure Touren anbieten.

Flugverbindung: 7 km südl. der City; tgl. Flüge mit MAS nach Kuala Lum-pur, Johor Bharu, Kuching, Tawau, Labuan, Lahad Datu, Miri, Mulu Natio-nal Park, Sandakan, Brunei, auf die Philippinen, Nach China und Japan. Zudem fliegt Air Asia nach Penang, JAkarta, Bali, Shenzhen und Macau.
Zugverbindung: Sabah State Railway unterhält die einzige Bahnstrecke auf Borneo, von Tanjung Aru nach Tenom, die wegen Erdrutschen oft unter-brochen ist. Infos: Tel. 088/254 611.
Busverbindung: Regelmäßige Verbin-dungen nach Sandakan (7 Std.) und in alle größeren Orte Sabahs.

🏠 Shangri-La's Tanjung Aru Re-sort, am gleichnamigen Bade-strand, Tel. 088/327 888, Fax 293 306, www.shangri-la.com. Schönste Anla-ge Sabahs, mit Pools und Restaurants. Shuttleservice in die City, Bootsver-bindungen zu nahen Inseln. ○○○

Hyatt Regency, Jl. Salleh Sullong,
Tel. 088/221 234, Fax 218 909,
www.kinabalu.regency.hyatt.com.
Bestes Hotel im Stadtzentrum,
unmittelbar am Meer. Erstklassige
Restaurants, Pool. ○○○

The Jesselton, 69 Jl. Gaya,
Tel. 088/223 333, Fax 240 401,
www.jesseltonhotel.com. Boutiquehotel mit historischem Ambiente. ○○

D'Borneo Hotel, Lot 6, Blok L,
Sinsuran, Tel. 088/266 999,
www.dborneohotel.com. Kleines,
neues, nett eingerichtetes Hotel
mit 24 sauberen, klimatisierten
Zimmern. ○—○○

Im Zentrum sind viele neue Back-
packers entstanden, die neben
Betten in Schlafsälen auch Zimmer
vermieten, z. B.:
Red Palm Hostel, 130 Jl. Gaya,
Tel. 088/221 130, www.redpalmkk.
com. Neueres von einigen Hostels der
Straße. Freundlich und sehr sauber.
Alle Zimmer mit Dusche, WLAN,
Tourenangebot. ○

Der **Seri Selera@Sedco Square**
südlich des Zentrums wartet

abends mit zahlreichen chinesischen
Seafood-openair-Lokalen auf. Ab
17 Uhr wird an zahlreichen Ständen
des **Pasar Malam** südlich vom Central
Market gebrutzelt.

Karte
Seite
59

Tunku-Abdul-Rahman-Nationalpark ❷

Nur wenige Minuten Bootsfahrt von
Kota Kinabalu entfernt liegen die Inseln **Gaya, Sapi, Manukan, Mamutik**
und **Sulug.** Mit den angrenzenden Korallenriffen wurden sie zum Nationalpark erklärt.

Die von Müll übersäten Strände und schlechte Wasserqua-
lität verleiden so manchem Besucher
das Baden und Tauchen.

Tauchschulen in Kota Kinabalu
bieten sowohl Anfängern als
auch erfahrenen Tauchern Exkursio-
nen an; u. a. **Borneo Divers,** Menara
Jubilee, Tel. 088/222 226, borneo
divers.info, **Sabah Divers,** Wisma
Sabah, Tel. 088/256 483, www.sabah-
divers.com. Buchung von Bungalows
auf Manukan über **Sutera Sanctuary
Lodges** (s. S. 56).

Auf Gaya und Sapi gibt es ausgeschilderte Spazierwege. Manukan mit
der Nationalparkverwaltung, Restaurant und Bungalows ist an den Wochenenden ein sehr beliebtes Ausflugsziel der Einheimischen.

Schiffsverbindung: An der Jetty Kota
Kinabalus nördlich des Zentrums, Jl.
Pantai, kann man Boote auf die Inseln
chartern. Zudem verkehren regelmäßig Fähren nach Pulau Gaya. Achten Sie vor allem bei kleinen Booten
darauf, dass Schwimmwesten an
Bord sind.

Karte
Seite
59

Am majestätischen Gunung Kinabalu

Kota Belud ❸

Am frühen Sonntagvormittag kommen die Bewohner der Region zum Tamu, dem farbenprächtigen Wochenmarkt in das kleine Städtchen. Marktfrauen

Kannenpflanzen

bieten Früchte, Gemüse, Fische, Haustiere, Batikstoffe, Hüte, Haushaltswaren an. Selbst Wasserbüffel und Pferde werden gehandelt. Weitere Tamu finden an verschiedenen Tagen überall in Sabah statt. Minibusse und Taxis von Kota Kinabalu fahren 2 Std. Reisebüros bieten Bustouren zu den malerischsten Wochenmärkten an.

✸ ***Gunung-Kinabalu-Nationalpark ❹

Der »Berg der Götter« gilt mit 4095 m Höhe als höchster Berg zwischen dem Norden Birmas und Neuguinea. In den Mythen der Kadazan ist das mächtige Granitmassiv Sitz der Götter und Ruhestätte der Verstorbenen. Auf Grund seiner einmaligen Landschaft und Vegetation wurde er zum Naturerbe der Menschheit erklärt. Im 750 km² großen Nationalpark um den Berg leben Hunderte von Vogelarten, darunter Nashornvögel und Schlangenadler, Halbaffen, Zwerghirsche und Wildschweine. Und selbst die seltenen Orang-Utans,

Ameisenbären und Nashörner finden hier Zuflucht. Sämtliche Vegetationszonen der Tropen sind im Park vertreten. Die unterste Stufe bildet der feuchtheiße **Tieflandregenwald**. Im **tropischen Bergwald** gedeihen ab 900 m Höhe zahlreiche Eichenbäume, Farne und etwa 1000 Orchideenarten. Die Nadelbäume mit herabhängenden Bartflechten des **tropischen Nebelwaldes** deuten darauf hin, dass man sich über 2000 m hoch befindet. Die Szenerie hat etwas Gespenstisches.

Botanische Rarität

Der feuchtheiße Tieflandregenwald, der eine botanische Rarität birgt: die Rafflesia. Die rotbraune Blüte der bis zu 2 kg schweren, parasitischen Pflanze erreicht Durchmesser von bis zu 1 m. Damit ist die Rafflesia die größte Blume der Erde! Mit etwas Glück kann man sie in der Nähe von Poring (s. S. 60) bestaunen.

Zwischen Rhododendren wachsen Nepentes, Insekten fressende Kannenpflanzen von bizarrer Schönheit. In 3000 m Höhe beginnt die **alpine Zone** mit Zwergsträuchern, Flechten und Moosen. Der Gipfelbereich ist ein nahezu vegetationsloses Felsplateau.

Bergbesteigung und Wanderungen im Park

Wer eine Unterkunft auf dem Berg gebucht hat, bekommt im Park Headquarter das Permit und einen Guide für die Besteigung des Kinabalu. Entlang des Weges gibt es Rastplätze, Schutzhütten und Trinkwassertanks. Nach 4–5 Std. erreicht man die Unterkünfte in über 3300 m Höhe. Früh am nächsten Morgen beginnt die mehrstündige Etappe zum **Low's Peak.** Der Sonnenaufgang über den Wolken und der atemberaubende Ausblick entschädigen für die Strapazen des Aufstiegs. Eine besondere bergsteigerische Erfahrung ist nicht nötig, aber eine gute Kondition sollten Sie mitbringen!

Wem dies alles zu anstrengend ist, der macht kleine Wanderungen rund um das Park Headquarter im angenehm kühlen Bergklima. In einem Mountain Garden wurden die interessantesten Pflanzen dieser Vegetationszone angesiedelt, darunter viele Orchideen. Das **Exhibition Centre** und die **Natural History Gallery** informieren über den Nationalpark und das Ökosystem Regenwald (tgl. 9–15 Uhr).

Zur üblichen Trekkingausrüstung (s. S. 98) gehören hier auch Arbeitshandschuhe zum Schutz der Hände an Seilen und Felsen im Gipfelbereich. Die regenreichsten Monate sind November bis März.

> **Sutera Sanctuary Lodges**
> in Kota Kinabalu (s. S. 56) verwaltet die Unterkünfte im Park. Am Parkeingang muss man sich im Headquarter anmelden. Eintritt

Karte Seite 59

Karte
Seite
59

Vor der Kulisse des Gunung Kinabalu erstreckt sich die Sabah Tea Plantation

15 RM, Permit für die Besteigung des Kinabalu 100 RM.

Busverbindung: Busse von Kota Kinabalu nach Sandakan, Kundasang und Ranau halten auf Wunsch am Eingang des Parks. Die Fahrt dauert 2–3 Std., Reisebüros bieten Touren an.

Von Bungalows mit Küche und Kamin (○○○) bis zu Schlafsaalbetten in Hostels (○○). Frühzeitige Buchung v. a. an Wochenenden und während der Schulferien empfohlen. In 3400 m Höhe stehen im **Laban Rata Resthouse** einfache, aber beheizte Vierbettzimmer, Duschen und ein Restaurant zur Verfügung (○○).

Ein Restaurant und eine Cafeteria mit begrenzter Auswahl an Gerichten.

*Heiße Quellen in Poring ❺

Entspannung nach den Wanderungen versprechen die heißen Schwefelquellen von Poring, 45 km östlich des Parks in der Nähe der Kleinstadt Ranau. Die schön gestaltete Gartenanlage, in der es neben Sitzbecken auch einen erfrischend kühlen Swimmingpool und ein Restaurant gibt, liegt inmitten eines Waldgebietes. Ein ausgeschilderter Weg führt von den Quellen zum **Canopy Walkway.** Von Hängebrücken und Aussichtsplattformen, die in den Wipfelbereichen der Bäume befestigt sind, ist der Einblick in das Ökosystem des tropischen Regenwaldes ungewöhnlich. In der Umgebung von Poring stehen die Chancen recht gut, ein blühendes Exemplar der Riesenblume Rafflesia (s. S. 58) zu sehen.

Busverbindung: Busse von Kota Kinabalu nach Ranau; von dort per Taxi nach Poring.

Die einfachen Unterkünfte in Chalets und Hostels (○) sowie auf dem Campingplatz sind oft von Reisegruppen belegt. Anmeldung: **Sutera Sanctuary Lodges** (s. S. 56).

Sandakan ❻

In der Hafenstadt an der Nordostküste wurden bereits vor Jahrhunderten Gewürze, Schwalbennester und Perlen

Orang-Utans werden auf ein Leben in Freiheit vorbereitet

Auf einem Aussichtshügel im Westen erhebt sich die **Tempelanlage Puu Jih Shih** aus dem Jahr 1987. In der mit goldenen Drachenfiguren verzierten Haupthalle thronen mannshohe Buddhafiguren.

Karte Seite 59

Ausflug zur *Orang-Utan-Aufzuchtstation Sepilok ❼

Das berühmte Rahabilitation Centre zieht viele Besucher an. Im Tieflandregenwald, 25 km westlich von Sandakan, werden gefangene Affen auf das Leben in Freiheit vorbereitet. Die meisten Bereiche der Station sind Besuchern nicht zugänglich. Offen ist die Plattform A, wo Sie (tgl. 10 und 15 Uhr) der Fütterung zuschauen können (30 RM, Kamera 10 RM). Ein Informationszentrum vermittelt Wissenswertes über das Schutzgebiet und die Menschenaffen. Ausgiebige Spaziergänge sind nur mit Genehmigung des Forestry Department möglich. Von Sandakan fahren stündlich Busse nach Sepilok (40 Min.). Reisebüros in

gegen chinesische Keramiken und Metallwaren getauscht. Im Zweiten Weltkrieg fast völlig zerstört, erlebte die Stadt in den 1970er-Jahren als Zentrum der Holzexporte einen erneuten wirtschaftlichen Aufschwung.

Orang-Utans – die Waldmenschen

Orang Utan, »Mensch des Waldes«, nennen die Malaien den einzigen Menschenaffen Asiens, der nur auf Borneo und Sumatra vorkommt. Waren es auf Borneo Anfang des 20. Jhs. über 1 Mio. Tiere, leben heute in Sabah nur noch ca. 12 000 in freier Wildbahn. Seit Jahren stehen die zotteligen Vegetarier auf der Liste der vom Aussterben bedrohten Arten. Ihr Lebensraum, die tropischen Wälder, wurde in den letzten Jahrzehnten systematisch für Plantagen gerodet. Das 1964 gegründete Zentrum in Sepilok war das erste seiner Art, das Jungtiere, die in Gefangenschaft geraten waren, auf ein selbständiges Leben im Regenwald vorbereitete. Den Affenkindern wird beigebracht, Futter zu suchen und auf Bäume zu klettern, bevor sie allmählich von der Station entwöhnt werden. Bereits über 200 Tiere konnten seit dem Bestehen des Zentrums in die Freiheit entlassen werden. Einmal in den Wald zurückgekehrt, werden die Tiere nicht weiter beobachtet. Der Erfolg hat Schule gemacht. Weitere Aufzuchtstationen wurden in Sarawak und auf Sumatra gegründet.

Karte Seite 59

Kota Kinabalu und Sandakan organisieren Touren.

i Tourist Office, Wisma Warisan, Jl. Empat, Sandakan, Tel. 089/229 751, Mo–Fr 8–16.30, Sa 8–13 Uhr.

▪ **Crystal Quest,** Sabah Parks Jetty, Jl. Buli Sim Sim, Sandakan, Tel. 089/212711, Fax 212712, cquest@tm.net.my; Boote und Unterkünfte im Turtle-Islands-Park.

▪ **Wildlife Expeditions,** Wisma Khoo Siak Chiew, Jl. Bili Sim Sim, Sandakan, Tel. 089/219 616, Fax 274 108, www.wildlife-expeditions.com. Mit umfangreichen Tourangeboten und Dschungelsafaris zum Kinabatangan-Fluss.

Flugverbindung: 15 km nördl. Sandakan (Taxi 15 RM). Tgl. mit MAS nach Kota Kinabalu, Tawau, Kuala Lumpur und Kudat sowie mit Air Asia nach Kuala Lumpur und Kota Kinabalu.
Busverbindung: Nach Kota Kinabalu (7 Std.), zum Kinabalu-Nationalpark (5 Std.), nach Lahad Datu (2,5 Std.) und Tawau (4 Std.).

Sabah Hotel Sandakan, Jl. Utara, Tel. 089/213 299, Fax 271 271, www.sabahhotel.com.my. 120 Zimmer im ehemaligen Gouverneurspark, Pool, Restaurant. ○○○

▪ **Sandakan,** Leboh Empat, Tel. 089/221 122, Fax 221 100, www.hotelsandakan.com.my. Komfortables Hotel im Zentrum. ○○

▪ **Hotel London,** 10 Leboh Empat, Tel. 089/219 855, www.hlondon.com.my. Renoviertes Hotel mit Dachterrasse. ○

Restoran Ocean King, Sandy Plan, Batu 2, Jl. Batu Sapi, 3 km westlich an der Küste, Tel. 089/616 048. Riesiges chinesisches Seafood-Restaurant, große Auswahl, günstige Preise. Von der überdachten Terrasse Blick übers Meer. ○○

▪ **Sandakan Garden,** Tel. 089/225 540. Ausflugsrestaurant neben dem Rotary Aussichtspunkt oberhalb der Stadt. Spezialität des Hauses: Steamboat. ○

▪ **Habeeb** serviert indisch-muslimisches Essen. Von allen Filialen hat die in der Jl. Pryer, nahe dem Markt, am meisten Atmosphäre und leckeres Roti. ○

*Turtle-Islands-Park ❽

Zur Inselgruppe 40 km nördlich von Sandakan kommen das ganze Jahr über Meeresschildkröten, um nachts ihre Eier in den warmen Sand zu legen. Die Eier dieser vom Aussterben bedrohten Tiere werden eingesammelt und in umzäunten Gehegen wieder eingegraben. Nur etwa zwei Monate dauert es, bis die Jungtiere schlüpfen und ausgesetzt werden, worauf sie sofort zum Meer eilen, um sich in die tosende Brandung zu stürzen. Die wenigen Weibchen, die die zahlreichen Gefahren und Feinde, die in den Weiten des Ozeans auf sie lauern, überleben, kommen nach vielen Jahren wieder zur Eiablage an den Strand ihrer Geburt zurück.

i Crystal Quest (s. S. 61) oder Reisebüros in Kota Kinabalu und Sandakan geben Auskünfte und buchen Unterkünfte auf Selingan.

Schiffsverbindung: Überfahrt von Sandakan per Speedboat ca. 1 Std.

Auf Pulau Selingan einfache Chalets mit klimatisierten Zimmern mit oder ohne Bad/WC. Nur mit Vollpension und als Teil der Tour zu buchen. ○○

**Sipadan ➒ und andere Inseln in der Sulu-See

Taucher sind sich einig – die Unterwasserwelt um Sipadan, 40 km vor der Küste von Semporna im äußersten Südosten Sabahs, zählt zu den weltbesten Tauchgründen. Das winzige Eiland ist von einem Korallenriff umgeben und ragt wie ein Pilz aus dem Wasser. Die senkrecht abfallenden Wände des Riffs sind Lebensraum von unzähligen Meeresbewohnern, von denen Schildkröten, Barrakudas und Haie nur die größten sind. Da das Riff bereits geschädigt ist, wird die Anzahl der Taucher Taucher auf 120 pro Tag begrenzt.

Seit die Unterkünfte auf Sipadan geschlossen sind, übernachten viele Taucher auf der benachbarten Insel **Mabul.** Wesentlich exklusiver sind die auf Stelzen im Meer stehenden Chalets auf *Kapalai. Auch auf den kleinen Inseln *Mataking, *Lankayan und *Pom Pom weiter im Norden sind Resorts und Tauchbasen entstanden. Sie sind ebenfalls von Semporna aus mit dem Speedboot in einer knappen Stunde zu erreichen und aufgrund der Insellage relativ teuer.

ℹ Pauschalangebote inkl. Tauchgänge, Ausrüstung, Bootstransfer bei **Borneo Divers** (s. S. 57); **Pulau Sipadan Resort,** Tawau (Kapalai und Lankayan), Tel. 0 89/765 200, www.dive-malaysia.com; **The Reef Travel & Tour,** Tawau (Mataking), Tel. 0 89/770 022, www.mataking.com; **Pom Pom Island Resort** in Semporna, Tel. 0 89/781 918, www.pompom island.com. Auch Anfängerkurse.

Flugverbindung: Mehrmals tgl. von Kota Kinabalu und Sandakan nach Tawau, weiter mit Minibussen nach Semporna (90 Min).

Sarawak

Karte Seite 67

Langhäuser und Riesenhöhlen

*Kuching → *Niah-Nationalpark → **Gunung-Mulu-Nationalpark

Sarawak im Nordwesten Borneos ist nur etwas mehr als eine Flugstunde von Kuala Lumpur entfernt. Dennoch liegen Welten zwischen der Metropole und vom Leben in Sarawak. Vor wenigen Generationen zogen die Vorfahren der Iban, Bidayuh und Orang Ulu jagend durch die endlosen Regenwälder. Noch heute leben zahlreiche Dorfgemeinschaften in den traditionellen Langhäusern. Besucher haben die Möglichkeit, für einige Tage hautnah den Alltag der Dorfbewohner kennen zu lernen. Riesige Höhlensysteme, die zu den größten der Erde zählen, locken in den Nationalparks Gunung Mulu und Niah. Nehmen Sie sich für Sarawak mindestens eine Woche Zeit.

Sarawak gehörte lange zum Einflussbereich des Sultans von Brunei. Revolten der Ureinwohner machten dem Herrscher jedoch immer wieder zu schaffen. 1839 bot der britische Abenteurer James Brooke dem Sultan seine Dienste bei der Niederschlagung der Unruhen an und erhielt zum Dank den Titel Raja von Sarawak zugesprochen. So begann die Herrschaft der Weißen Rajas, der Familiendynastie der Brookes, die Stück für Stück weitere Teile Sarawaks unterwarf. Nach dem Ende der japanischen Besatzung im Zweiten Weltkrieg wurde Sarawak 1946 britische Kronkolonie. 1963 schloss es sich dem unabhängigen Malaysia an.

23 verschiedene Volksgruppen bilden die 2,4 Mio. Einwohner des Bun-

Karte Seite 65

*Die Iban sind die größte
Bevölkerungsgruppe Sarawaks*

*Die Uferpromenade in Kuching – hier
promeniert es sich sehr schön*

desstaates. Die **Iban,** Jahrhunderte als Krieger gefürchtet, stellen mit 30 % die größte Gruppe (s. auch S. 68/69). Die Küsten sind traditionelles Siedlungsgebiet der **Melanau,** eines Fischervolkes, das für seine Bootsbaukunst berühmt ist. Im Landesinnern zählen **Bidayuh** und **Orang Ulu** zu den größeren Volksstämmen. Die **Penan** leben zum Teil noch immer als Nomaden in den Wäldern Borneos. Die Abholzung ihrer Jagd- und Siedlungsgebiete und die rasche Ausbreitung der Ölpalmplantagen stellt sie jedoch vor existenzielle Probleme.

Das Flugzeug ist im gebirgigen Inselinneren eine wichtige Verbindung zur Außenwelt. Viele ehemalige Holzfäller- und Landstraßen werden asphaltiert, so kann die Insel auf dem Landweg erkundet werden. Die wichtigste Landverbindung ist der Trans Sarawak Highway von Kuchig bis zur Grenze von Brunei. Der wirtschaftliche Reichtum Sarawaks basiert v. a. auf ergiebigen Erdöl- und Erdgasvorkommen sowie land- und forstwirtschaftlichen Exporten. Große Areale der Insel bedecken Kautschuk-, Palmöl- und Pfefferplantagen, Reisfelder und Weideflächen. An der Küste entstanden neue Industriezentren, kleine Fischerdörfer entwickelten sich zu Boomtowns. Gigantische Staudamm- und Wasser-

kraftprojekte sollen den wachsenden Strombedarf decken – wogegen sich Umweltschützer und Waldvölker, die um ihre Heimat fürchten, wehren.

*Kuching ❶

Der Name der »Stadt der Katze« geht der Überlieferung nach auf ein Missverständnis zurück: Bei seiner Ankunft wollte James Brooke den Namen der kleinen Siedlung am Sarawak-Fluss erfragen und deutete dabei auf eine Stelle, an der gerade eine Katze saß, woraufhin Einheimische antworteten: *kuching* – Katze. Heute ist die Hauptstadt (200 000 Einw., Ballungsgebiet 600 000 Einw.) modernes Zentrum einer Boomregion.

Katzenfreunde werden sich die vielfältige Sammlung des **Katzenmuseums** in der Kuching North City Hall nicht entgehen lassen (tgl. 9 bis 17 Uhr, Eintritt frei).

Am Fluss

Der beste Ausgangspunkt für einen Stadtrundgang ist die **Waterfront ❹,** in der Nähe der internationalen Hotels. Der **Tua-Pek-Kong-Tempel ❺,** erstmals 1843 erwähnt, ist der älteste chinesische Tempel der Stadt.

Gegenüber informiert das **Chinese History Museum ⊙** anschaulich über das Leben der chinesischen Einwanderer (tgl. außer Fei 9–17.30 Uhr).

 Eine Fundgrube für Souvenirjäger ist die **Jalan Main Bazaar.**

Die Einkaufsstraße führt zum wuchtigen **Square Tower ⊙**, erst als Fort und dann als Tanzsaal genutzt – bauliches Pendant zum **Fort Margherita ⊖** auf dem anderen Flussufer, das zum Schutz der Stadt 1879 erbaut wurde. Der moderne, umstrittene Bau des **State Assembly Building** neben dem Fort Margherita dominiert die Skyline.

Auf dem Nordufer (Boote legen von verschiedenen Piers an der Waterfront ab) steht auch die **Istana ⊖**, ein Palast, den der zweite Weiße Raja, Charles Brooke, 1870 errichten ließ.

Und gegenüber dem Square Tower der 1874 erbaute ehemalige **Oberste Gerichtshof** (Court House) **⊙** mit seinen viktorianischen Säulen und dem kleinen Glockentürmchen.

An der Flussseite erinnert ein 6 m hoher Granitobelisk an Charles Brooke, den zweiten Raja, und auf Bronzetafeln sind Vertreter der größten Bevölkerungsgruppen Sarawaks abgebildet.

Karte Seite 65

 Jalan India ⊕ ist die traditionsreiche Einkaufsstraße – mit zahlreichen Textilgeschäften und Restaurants eine beliebte Fußgängerzone.

Rund um den Padang Merdeka

Ein hervorragendes **Textilmuseum ⊙** ist in den Pavillon in der Jl. Haji Openg eingezogen. Besonders schöne traditionelle Iban-Decken (Puah), Babytragen mit Perlenstickereien und Kleidung

ⓐ Waterfront
ⓑ Tua-Pek-Kong-Tempel
ⓒ Chinese History Museum
ⓓ Square Tower
ⓔ Fort Margherita
ⓕ Istana
ⓖ Oberster Gerichtshof
ⓗ Jalan India
ⓘ Textilmuseum
ⓙ Staatsmoschee
ⓚ Sikh-Heiligtum
ⓛ Sarawak-Museum

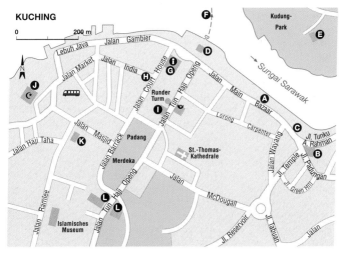

Im Sarawak-Museum

aus Baumrinde. (Tgl. 9–17.30 Uhr, Eintritt frei.) Nebenan wird im **Runden Turm** traditionelles Kunstgewerbe hergestellt.

Über die Jalan Market kommt man zur alten **Staatsmoschee ❹** mit ihren gold glänzenden Kuppeln. Ebenfalls vergoldete Kuppeln zieren das zweigeschossigen **Sikh-Heiligtum ❻** ganz in der Nähe.

*Sarawak-Museum ❺

Vorbei an der großen Rasenfläche des **Padang Merdeka** führt der Weg zum 1888 von Charles Brooke gegründeten Museum. Im Hauptgebäude sind die naturkundliche Sammlung und eine Ausstellung zur Erdölwirtschaft untergebracht. Im Obergeschoss werden Kunst- und Alltagsgegenstände der Völker Sarawaks präsentiert. In den Komplex integriert ist ein **Islamisches Museum** (tgl. außer Fei 9–18 Uhr, das angeschlossene Islamische Museum ist am Fr geschl.; Eintritt frei).

Holzmuseum

Ca. 2 km nördlich des Zentrums wird im **Timber Museum** in Wisma Sumber Alam (STIDC Bldg., Verwaltungsgebäude der Holzwirtschaft) unter verschiedenen Aspekten der Wald und seine wirtschaftliche Nutzung dar-

gestellt. (Mo–Fr 9–12.30, 13.30–16.30, Sa 9–12 Uhr.)

i **Sarawak Tourist Association,** Jl. Main Bazaar, Tel. 082/240 620.
❚ **Visitors Information Centre,** im ehem. Obersten Gerichtshof, Tel. 082/410 942 (tgl. 9–13, 14–18 Uhr). Nebenan im Büro vom Sarawak Forestry können auch Unterkünfte in einigen Nationalparks von Sarawak gebucht werden (Tel. 082/248 088, www.sarawakforestry.com, Mo–Fr 8–18, Sa, So, Fei 9–17 Uhr). Schalter am Flugplatz (Mo–Fr 8–18, Sa, So, Fei 9–15 Uhr).

Flugverbindung: Flughafen 12 km südlich der Stadt (Transfer mit dem Taxi). Tgl. Flüge mit MAS nach Kota Kinabalu, Kuala Lumpur, Johor Bharu und Singapur; dichtes Flugnetz innerhalb Sarawaks. Air Asia fliegt zudem nach Penang, Macau, Jakarta und Bali.
Busverbindung: Fern- und Regionalbusse ins Landesinnere und über den Trans Sarawak Highway bis Miri fahren vom Bus Terminal, 3 1/2 Mile, Jl. Penrissen (Stadtbus 3 und 3 A), ab.

Kuching Hilton, Jl. Tunku Abdul Rahman, Tel. 082/248 200, Fax 428 984, www.hilton.com. Großzügige Zimmer, chinesisches Restaurant. Steakhouse, Diskothek. ○○○
❚ **Merdeka Palace,** Jl. Tun Abang Haji Openg, Tel. 082/258 000, Fax 425 400, www.merdekapalace.com. 5-Sterne-Hotel im historisch-nostalgischen Look mit Café, Pub und Restaurants, kleiner Pool. ○○○
❚ **Holiday Inn Kuching,** Jl. Tunku Abdul Rahman, Tel. 082/423 111, Fax 426 169, www.holiday-inn.com/kuchingmys. Direkt am Fluss gelegen, umfangreiches Freizeitangebot. ○○○
❚ **Telang Usan,** Jl. Ban Hock, Tel. 082/415588, Fax 425 316, www.telangusan.com. Freundliches,

Karte
Seite
65

von Orang Ulu gemanagtes Hotel in ruhiger Nachbarschaft. ○○

▌ Singgahsana Lodge, 1 Temple St., Tel. 082/429 277, www.singgahsana. com. Freundliches Backpacker mit komfortablen, klimatisierten Schlafsälen und netten, kleinen Zimmern. ○

The Steakhouse, Hilton Hotel. Die beste westliche Küche der Stadt. Ab 18.30 Uhr. ○○○

▌ Bla Bla Bla Restaurant, 27 Jl. Tabuan. Kleines, ansprechend gestaltetes, modernes Restaurant mit überdachtem Innenhof und klimatisiertem 1. Stock. Große Portionen chinesischer Gerichte mit westlichem Touch. ○○

▌ Top Spot Food Court, Jl. Mata Bukit Kuching. Essenstände auf dem Dach des Parkhauses, v. a. chinesisches Seafood. ○

Im Sarawak-Kulturzentrum

Ausflüge

Damai ❷
Die Halbinsel Santubong, etwa 35 km nördlich von Kuching, wird vom 810 m hohen Gunung Santubong überragt und ist größtenteils noch mit Primärregenwald bedeckt. Sandstrände verlocken zum Bleiben. Damai ist die beliebteste Badebucht mit zwei großen Resorts, die auch Touren und Wassersport anbieten.

Busverbindung: Zwischen Kuching und Damai verkehren regelmäßig Linienbusse sowie ein Pendelbus.

Damai Beach Resort, Tel. 082/ 846 999, Fax 846 777, www.

**Karte
Seite
67**

damaibeachresort.com. Weitläufige Anlage mit eigener Badebucht. ○○○

■ **Damai Puri Resort & Spa,** Tel. 082/ 846 900, www.damaipuriresort.com. Neues, großes Resort mit hellen Zimmern und Suiten, 2 große Pools, Spa und Tennisplatz. ○○○

■ **Village House,** Tel. 082/846 166, Fax 846 266, www.villagehouse.com. my. Freundliches, familiäres Boutique-B & B am Ortsrand von Santubong nahe dem Meer. Modern gestaltet mit balinesischem Touch, Pool und eigenem Restaurant. ○○

Eine Attraktion ist das *Sarawak Cultural Village* nahe dem Damai Lagoon. Auf einem 9 ha großen Gelände vermittelt das Freiluftmuseum einen umfassenden Einblick in das Leben der Völker Sarawaks. So sind Langhäuser der Bidayuh, Iban und Orang Ulu ebenso zu besichtigen wie das *rumah tinggi* (»Hochhaus«) der Melanau, die Hütten der Penan-Nomaden und die Häuser der Malaien und Chinesen. Die Bedeutung von Einrichtungsgegenständen wird erklärt, die Herstellung von Kunsthandwerk demonstriert, Blasrohrschießen unterrichtet, *tuak,* der Reiswein der Iban, und typische Speisen wie Sago-Kuchen angeboten. (Tgl. 9–17 Uhr, www.scv.com.my.)

Um 11.30 und 16 Uhr finden im Kulturzentrum Tanzvorführungen statt. Ein Restaurant sorgt für Ihr leibliches Wohl, in Läden können Sie auf Souvenirsuche gehen.

**Fahrt zu den Langhäusern

Ein Höhepunkt einer Sarawak-Reise ist zweifellos der Besuch eines Langhauses. Auch wenn Sie nicht erwarten dürfen, von der Zivilisation unberührte Völker zu entdecken, bekommen Sie doch eine Vorstellung vom Leben der Menschen in den Wäldern

Borneos. Die meisten Touristen besuchen Langhäuser am Skrang- und Lemanak-Fluss oder oberhalb des Batang-Ai-Stausees im Siedlungsgebiet der Iban, etwa 100 km östlich Kuching.

In Kuching werden verschiedene Langhaustouren angeboten u. a. von **Diethelm Travel** (Tel. 082/ 412 778, www.diethelmtravel.com; auch deutschsprachig), **Borneo Adventure** (Tel. 082/245 175, www. borneoadventure.com), **CPH Travel Agencies** (Tel. 082/243 708, www.cphtravel.com.my).

Hilton Batang Ai Longhouse Resort, Tel. 083/584 388, Fax 584 399. An einem Stausee, vier Autostunden von Kuching entfernt.

Leben unter einem Dach

Viele Iban glauben noch immer an die Kräfte und Geister des Waldes, seiner Pflanzen und Tiere. Ihre oberste Gottheit, *singalang burong,* ist gleichzeitig Kriegsgott. Jedes Dorf hat einen eigenen *lemambang,* einen Priester und Medizinmann, der mit den Seelen der Toten in Kontakt tritt. Traditionell leben die Dorfgemeinschaften in Langhäusern, die nicht selten Längen von 150 m und mehr erreichen. Zum Schutz vor Ungeziefer und wilden Tieren, früher wohl auch zur Abwehr feindlicher Angreifer, wurden die Häuser auf Pfählen errichtet. Am Abend, wenn die meisten Dorfbewohner von den Feldern, den Pfeffergärten oder von der Jagd zurückkehren, wird erst deutlich, dass hier Hunderte von Menschen gemeinsam unter einem Dach leben. Innerhalb

Luxuriöse Anlage mit Pool. Tagesausflüge zu Iban-Langhäusern. Buchung, Information, Transfer und Tagestouren über Kuching Hilton (s. S. 66).
○○–○○○

Riesenhöhlen- und Urwaldtouren

Miri ❸ ist der ideale Ausgangspunkt für den Besuch der beiden **Nationalparks *Niah** und ***Gunung Mulu.**

Die größte Stadt im Norden Sarawaks verdankt ihren Reichtum den großen Erdölvorkommen in der Region. Seit hier 1910 die erste Ölquelle entdeckt wurde, wuchs der Ort zum Wirtschaftszentrum mit fast 300 000 Einwohnern heran.

Das **Petroleum Museum** neben dem ersten Bohrturm auf dem Canada Hill vermittelt auf sehr unterhaltsame Weise einen guten Ein- und Überblick in und über die Petroleumindustrie (tgl. außer Fei 9–17 Uhr, Eintritt frei).

Karte Seite 67

ℹ Visitors' Information Centre,
452 Jl. Melayu (am Busbahnhof), Tel. 085/434 181, Mo–Fr 8–18, Sa, So, Fei 9–15 Uhr.
Unterkünfte im Park können direkt oder zuvor in Miri gebucht werden. Agenturen in Miri für Mulu-Touren: **Tropical Adventure,** lot 906-12, EG, Soon Hup Tower Shopping Complex, Jl. Merbau, Tel. 085/419 337, www.borneotropicaladventure.com; **Seridan Mulu,** 273 Brighton Centre, Jl. Temenggong Oyong

des Langhauses hat jede Familie ihren eigenen Bereich mit Küche, Schlaf- und Wohnraum. Das Dorfleben spielt sich auf der überdachten Gemeinschaftsveranda und der offenen Arbeitsplattform vor dem Haus ab. Hier trifft man sich zum Dorfklatsch, hier spielen die Kinder, hier flicken die Männer ihre Netze, hier flechten Frauen Körbe und Matten. Hier werden auch die Gäste mit dem traditionellen Reiswein *tuak* begrüßt. Hauptnahrungsmittel der Iban ist Reis. Gemüse aus den Gärten, Hausschweine, Hühner, Fische und Wildtiere aus den Wäldern ergänzen den Speisezettel. Daneben werden auf kleinen Parzellen Kautschuk, Pfeffer und Mais für den Verkauf auf den Märkten angebaut. Traditionell waren Grund und Boden um die Siedlung Gemeinschaftsbesitz des Dorfes. Privaten Grundbesitz gab es nur so

lange, wie die Parzelle auch tatsächlich genutzt wurde. Heute sind weite Teile des Siedlungsgebietes der Iban im Besitz des Staates, der Nutzungskonzessionen vergibt, allerdings nicht nur an die lokale Bevölkerung. So sehen sich viele Dörfer mit mächtigen Holzkonzernen in der Konkurrenz um die Nutzung der Wälder.

Da ausreichende Einkommensquellen in vielen Dörfern fehlen, ist es Tradition, dass die Jüngeren die Langhäuser verlassen und in Städten, auf Plantagen oder in der Industrie Geld verdienen. Einigen Langhausgemeinschaften verschafft der Tourismus ein bescheidenes Nebeneinkommen. Sie verkaufen Holzschnitzereien, Web- und Flechtarbeiten und vermieten einfache Unterkünfte.

Karte Seite 67

Lawai, Tel. 085/415 582, www.seridanmulu.com.

Flugverbindung: Mit MAS (Lot 239, Jalan Maju, Tel. 085/414144) nach Kuala Lumpur, Bandar Seri Begawan, Labuan und Kota Kinabalu sowie in alle Küstenstädte von Sarawak. Mit kleinen Maschinen von Mas Wings (www.maswings.com.my) zudem zu zahlreichen Flugplätzen im Hinterland von Sarawak, wie zum Gunung-Mulu-Nationalpark. Air Asia fliegt nach Kuala Lumpur, Johor Bharu, Kota Kinabalu und Kuching. In die Stadt mit dem Bus oder Coupon-Taxi.
Busverbindung: Überlandbusse verbinden Miri mit allen größeren Städten Sarawaks und Brunei.

Miri Marriott Resort & Spa, Jl. Temenggong Oyong Lawai, Tel. 08/421 121, Fax 402 855, www.marriott.com. Luxushotel am Strand, 4 km südlich des Zentrums; japanisches Restaurant. ○○○
∎ **Dynasty Hotel,** 683 Jl. Pujut Lutong, Tel. 085/421 111, Fax 422 222, dyhlmyy@po.jaring.my. Modernes Hotel mit 132 Zimmern. ○○
∎ **Harbour View Inn,** Jl. Bendahara, Tel. 085/412 177, Fax 420 871. Einfache Ausstattung. ○

*Niah-Nationalpark ❹

Etwa 100 km südlich von Miri erhebt sich aus der Küstenebene ein zerklüftetes Kalksteinmassiv, in dem die Kräfte des Wassers in Jahrmillionen ein verzweigtes Höhlensystem schufen. Die größte der Höhlen, die **Great Cave,** kann besichtigt werden. Der Hauptzugang misst 250 m in der Breite und 75 m in der Höhe. An den Wänden und Decken nisten Fledermäuse und Tausende von Salanganen, einer Schwalbenart. Einheimische steigen an Bambusstangen zur Höhlendecke hinauf,

um die begehrten Vogelnester einzusammeln – halsbrecherisch, aber lukrativ. Im Eingangsbereich der Höhle fanden Archäologen den Schädel eines Menschen, der hier vor etwa 35 000 Jahren lebte. Das **Archäologische Museum** an der Fähre innerhalb des Parks informiert über prähistorische Funde und die lokale Tier- und Pflanzenwelt (Di–So 9–17.30 Uhr, Eintritt frei).

Busverbindung: Etwa stdl. Busse von Miri zur Abzweigung der Straße nach Niah (2 Std.). Von dort Taxis zum Eingang des Parks. Von Miri auch direkte Taxis zum Park.

In Pangkalan Lubang, am Eingang des Parks, liegen die Nationalpark-Unterkünfte. Buchung direkt oder über das Visitors Information Centre in Miri (s. S. 69). Ein einfaches Restaurant ist vorhanden.

**Gunung-Mulu-Nationalpark ❺

Forscher erkundeten in den 1970er- und 1980er-Jahren das unzugängliche Hochland um den 2377 m hohen Gunung Mulu im Nordosten Sarawaks. Sie entdeckten eine Weltsensation: Die **Sarawak Chamber:** 600 m lang, 450 m breit und 100 m hoch – die weltweit größte Höhlenkammer, groß genug, um acht Jumbojets darin unterzubringen. Sie ist nicht erschlossen und nur im Rahmen von »Adventure Caving«-Touren zu besuchen. Die **Clear Water Cave** gilt als weitläufigstes Höhlensystem in Südostasien, durchflossen von einem reißenden Fluss, der plötzlich in den Kalkfelsen verschwindet. Als längste bisher bekannte Höhlenpassage der Erde stellte sich **Deer Cave** heraus – nach 2 km Fußmarsch erreicht man am anderen Ende der Höhle ein Tal, das völlig von der Au-

Die Clear Water Cave gilt als weitläufigstes Höhlensystem Südostasiens

ßenwelt abgeschlossen ist. Beim Anblick friedlich grasender Rehe glaubten sich die Forscher im Paradies und gaben dem Ort den Namen **Garden of Eden.** Kleinere Höhlen wie z. B. **Lang's Cave** und **Wind Cave** faszinieren durch bizarre Tropfsteinformationen.

Die meisten Wege zu den Höhlen, sofern sie nicht per Boot zurückgelegt werden müssen, sind befestigt und einfach zu begehen. Kundige einheimische Führer leiten Sie durch die unterirdische Traumwelt. Die Wege in den Höhlen wurden befestigt und sind beleuchtet.

Ein besonderes Naturschauspiel bietet sich allabendlich vor dem Eingang der Deer Cave: Im Licht der untergehenden Sonne verlassen Millionen von Fledermäusen ihre Ruheplätze in den Höhlen, um in lang gestreckten Schwärmen auf die Jagd nach Insekten zu gehen.

Auf Urwaldflüssen und steilen Pfaden erreicht man in zwei Tagen die bizarren Felsnadeln der **Pinnacles** an den Hängen des Gunung Api. Eine mehrtägige Tour führt durch dichten Bergwald zum Gipfel des **Gunung Mulu,** des zweithöchsten Bergs Sarawaks. Für die Besteigung mit einem erfahre-nen Führer sollten Sie sich in guter körperlicher Verfassung befinden.

ℹ️ Der Park ist ganzjährig zugänglich. Nach der Ankunft muss man sich in den Park Headquarters registrieren lassen und erhält alle notwendigen Informationen über Aktivitäten im Gebiet es Nationalparks. Die Touren lokaler Veranstalter (s. Kuching, S. 66, und Miri, S. 69) sind empfehlenswert.

Flugverbindung: Die kleine Fluggesellschaft Mas Wings fliegt mehrmals täglich von Miri und einmal Kota Kinabalu nach Mulu (40 Min.).

🏠 **Royal Mulu Resort,** Tel. 085/792 388, Fax 792 399, www.royalmuluresort.com. Hübsch gelegene, geschmackvolle Anlage mit allem Komfort. ○○○
▮ Unterkünfte in den Park Headquarters rechtzeitig buchen (Tel. 085/792 305, www.mulupark.com). In großen Holzhäusern mit Gemeinschaftsraum sind jeweils 4 saubere Zimmer mit Dusche/WC (fan oder ac). Die Tourveranstalter haben in Mulu eigene Chalets.

Tour 1

Teeplantagen und Palmenstrände

Kuala Lumpur → *Cameron Highlands → *Ipoh → *Pangkor (390 km)

Eine Reise voller Kontraste: Teeplantagen an steilen Berghängen inmitten tropischen Regenwaldes, die chinesisch geprägte »Zinn-Hauptstadt« Ipoh, Strandleben unter Palmen auf Pangkor, einsame Badebuchten auf Pangkor Laut. In den Cameron Highlands fühlt man sich in die Kolonialzeiten zurückversetzt. Ein Besuch der großen Teeplantagen und Wanderungen durch unberührten tropischen Bergwald bleiben unvergesslich. Für diese Strecke sollten Sie sich mindestens eine Woche Zeit nehmen.

Richtung Norden verläuft der North South Expressway durch neue Vorstädte. Lohnend ist ein Abstecher in den Vorort **Kepong**.

Dort hat das Forst-Forschungszentrum ***FRIM** fantastische Wandermöglichkeiten, u. a. auf einem Canopy Walkway durch die Wipfel der Dschungelbäume (tgl. außer Mo u. Fr 9.30–14.30 Uhr; der restliche Wald tgl. 7–19 Uhr, www.frim.gov.my).

Von einer Abzweigung ins Landesinnere nach Raub führen schmale Serpentinenstraßen hinauf nach **Fraser's Hill**, einem ehemaligen Bergresort der englischen Kolonialherren. Im Zentrum rings um den alten Golfplatz stehen noch einige kleine Häuser im Tudorstil, allerdings überwiegen die modernen Apartmenthäuser für Wochenendurlauber aus der Hauptstadt.

Ye Olde Smokehouse,
Tel. 09/362 2226, Fax 362 2035, www.thesmokehouse.com.my.
Der Ableger des Landhotels (s. S. 74) muss sich nicht verstecken.

In **Tapah** beginnt der 60 km lange Weg hinauf in die kühle Bergwelt der Cameron Highlands. Vom Tiefland geht es hinauf durch einen Bergwald mit Riesenfarnen. Hier und da lässt sich eine Siedlung der Orang Asli, der Bewohner der Wälder im Landesinnern, ausmachen.

*Cameron Highlands ❶

Die Cameron Highlands liegen 1600 bis 2000 m über dem Meer. Oft ist der Himmel wolkenverhangen und fast täglich regnet es, mal kommt ein kurzes Gewitter, mal hält der Regen über

Aromatische Ernte

Seit 1926 wird in den Cameron Highlands Tee angebaut, der im milden und regenreichen Höhenklima ausgezeichnet gedeiht. Die Engländer holten billige Arbeitskräfte aus Indien ins Land, die heute überwiegend von Gastarbeitern aus Indonesien abgelöst wurden. Geerntet wird das ganze Jahr über – häufig sind es Frauen, die die frischen Teeblätter pflücken und in die Fabrik bringen. Dort wird den grünen Blättern mittels Heißluftgebläse die Feuchtigkeit entzogen, dann werden sie maschinell gerieben, gerollt und zerkleinert. Durch die dabei freigesetzten Gerb-

Grün so weit das Auge reicht: in den Cameron Highlands

1
Karte
Seite
79

Stunden an. Mit einer Durchschnittstemperatur von 18 °C ist es merklich kühler als im feuchtheißen Tiefland. Abends und nachts kann es sogar richtig kalt werden.

Hauptort des Hochlands ist **Tanah Rata,** das den geruhsamen Charme eines Erholungsortes ausstrahlt. Entdeckt wurde das Hochland 1885 vom Landvermesser William Cameron. Die Engländer erkannten die Vorzüge des Höhenklimas und förderten den Ausbau des Berglandes zu einer *hill station.* Und noch heute fühlt man sich hier nach England versetzt: Gepflegte Rasenflächen, Golfplätze und vornehme Landhäuser im Tudorstil verbreiten das entsprechende Ambiente, darunter das Ye Olde Smokehouse (s. S. 74 und 6/7).

stoffe erhält der Tee seinen typischen, leicht bitteren Geschmack.

Aus einem Kilo frischer Blätter werden schließlich 200 Gramm schwarzen Tees.

Die bekannteste Teemarke der Cameron Highlands ist *Boh – best of highlands* (www.boh.com.my). Die Produktion reicht schon für die Inlandsnachfrage nicht aus, so dass Tee eingeführt werden muss. Malaysischen Tee wird man deshalb im Ausland vergebens suchen. Auf den Plantagen und in zahlreichen Geschäften wird die Rarität aber verkauft.

Von den vier Boh-Plantagen in den Highlands lohnen vor allem die ****Sungai Palas Boh Tea Gardens** einen Besuch. Saftig-grüne, von Teepflanzen bedeckte Hügel umrahmen das Dorf der Plantagenarbeiter. Weiter oberhalb, am Ende der Straße, kann in einer Fabrik hinter großen Glasscheiben die Verarbeitung der Teeblätter beobachtet werden. Das Tea Centre nebenan lohnt allein schon wegen seinere ultramodernen Architektur einen Besuch. Es beheimatet ein kleines Museum, einen Shop und ein Café, in dem man bei einem Tee die Aussicht genießen kann.

1

Karte
Seite
79

Neben Tee gedeihen Gemüse, Obst- und Blumen, die die Hitze im Tiefland nicht mögen, in der kühleren Bergluft prächtig – Erdbeer- und Gemüsefelder sowie Rosengärten sind der Beweis. Auf Straßenmärkten werden die landwirtschaftlichen Erzeugnisse angeboten. Die frische Ware wird bis nach Kuala Lumpur und Singapur geliefert.

In der kühlen Bergwelt wandert es sich gut. Durch die abwechslungsreichen Hochlandwälder verlaufen etwa ein Dutzend markierter Pfade. Da viele der publizierten Karten ungenau sind, sollte man sich vor dem Start genau über den Weg informieren oder einen Guide engagieren. Keine besondere Fitness ist für den Weg zum **Robinson-Wasserfall** oder den Weg 4 zum **Parit-Wasserfall** und weiter zum Golfplatz erforderlich. Etwas bessere Kondition erfordert Weg 10 auf den **Gunung Jasar** hinauf. Vorsicht auf Weg 2: Da von ihm viele Fußwege der Orang Asli abzweigen, haben sich bereits einige Wanderer verlaufen.

Mit dem eigenen Wagen oder mit einer organisierten Tour kann man von Tanah Rata aus Tagesausflüge zu den **Teeplantagen** *(estates,* s. S. 72) und zum nächsten Berg, dem **Gunung Brinchang,** unternehmen. Beliebte Ausflugsziele sind auch die **Schmetterlingsfarmen** nördlich von Brinchang, wo unter aufgespannten Netzen die Vielfalt tropischer Schmetterlinge und Insekten in Staunen versetzt, und der große chinesische **Sam-Poh-Tempel** unterhalb von Brinchang. Interessant ist auch der **Time Tunnel** 1,5 km nördlich von Brinchang (s. S. 7).

Busverbindung: Busse und Taxis von Kuala Lumpur fahren via Tapah und auf der alten, kurvenreichen Straße in 4 bis 5 Std. hinauf in die Highlands. Von Norden geht es schneller über die neue Fernstraße, die südlich von Ipoh

ins Landesinnere abzweigt, so dass die Cameron Highlands von Ipoh aus in 2 Std. erreicht sind.

Cameron Highlands Resort, zwischen Tanah Rata und Brinchang, Tel. 05/491 1100, Fax 491 1800, www.cameronhighlandsresort.com. Absoluter Luxus in historischem Umfeld, 56 im eleganten britischen Kolonialstil möblierte Zimmer mit Blick auf den Golfplatz. ○○○

Ye Olde Smokehouse, kurz vor dem Golfplatz, Tel. 05/491 1215, Fax 491 1214, www.thesmokehouse. com.my. Landhaus aus den 1930er Jahren im Tudorstil ist heute ein Boutiquehotel. Die nur 20 Zimmer sind gediegen und exklusiv eingerichtet. Das Restaurant bietet britische Küche bei Kerzenschein und Kaminfeuer. ○○○

■ **Strawberry Park Resort,** Tel. 05/491 1166, Fax 491 1949, www.strawberryparkresorts.com. In einem Park auf einem Berg oberhalb des Golfplatzes. ○○○

Zinn

Was Klondike und Yukon River für Alaska, waren die Flüsse Kelang und Kinta für Malaysia. Nur dass an deren Ufern nicht Gold die Menschen um ihren Verstand brachte, sondern ein anderes Metall: Zinn. Bereits vor über 500 Jahren wurde im Land das silbrig glänzende Metall aus dem schlammigen Boden gefördert. Aber erst im 19. Jh. begann der große Ansturm auf die Lagerstätten. Tausende von Arbeitskräften, die meisten aus dem fernen China, wurden von den Briten ins Land gelockt. Zunächst wusch man das Metall mit Schüs-

■ **Century Pines Resort,**
42 Jl. Masjid, Tel. 05/491 5115,
Fax 491 1115, www.thongsin.com.
Modernes, komfortables Hotel im
Zentrum von Tanah Rata, Deluxe-
Zimmer mit Holzböden, CD-Player und
Balkon. ○○–○○○
■ **Bala's Holiday Chalet,** 4 km
nördlich von Tanah Rata Richtung
Brinchang, Tel. 05/491 1660,
Fax 491 4500, www.balaschalet.com.
Herrlich gelegenes Gästehaus mit
teils mäßigen Zimmern. Das Restau-
rant fand in einer stilvoll umgestal-
teten ehemaligen britischen Schule
sein Domizil. ○–○○
■ Weitere Hotels der ○-Kategorie
reihen sich entlang der Jalan Besar,
der Hauptdurchgangsstraße von
Tanah Rata.

In Tanah Rata haben sich zahlreiche preiswerte Lokale mit
malaiischer, indischer und chinesischer Küche niedergelassen, viele an
der Jalan Besar und am Ortseingang.
Herausragend ist keines. Dank des

1
Karte
Seite
79

kühlen Klimas ist Steamboat (s. S. 25)
sehr beliebt. Wer auf biologische Zutaten Wert legt, fährt nach Brinchang
zu **HO Organic Farm** oder **Cameron
Organic Produce,** 5 bzw. 10 Bandar
Baru. ○

*Ipoh ❷

Namengebend war der Ipoh-Baum,
eine Gummibaumart, die früher hier
weit verbreitet war. Sein Saft ist giftig
und wird von der Urbevölkerung in
den Wäldern noch heute auf die Spitze
der Blasrohrpfeile gestrichen, mit denen sie auf Jagd gehen. Ipoh ist mit
640 000 Einwohnern die drittgrößte

seln aus dem Flussbett, eine Kno-
chenarbeit im feuchtheißen Tiefland-
klima. Es dauerte nicht lange, und
der Hunger der Weltwirtschaft nach
Zinn – allein die aufkommende Kon-
servenindustrie brauchte Unmengen
davon – machte den Einsatz riesiger
Schwimmbagger nötig. Mit ihren
mächtigen Schaufelrädern beförder-
ten diese Kolosse das zinnhaltige
Gestein aus überfluteten Tagebaugru-
ben an die Oberfläche. Noch zu Beginn der 1980er-Jahre war Malaysia
mit über 30 % der Weltfördermenge
der größte Zinnproduzent der
Welt. Mit sinkender Nachfrage nach

Rohzinn stürzte der Weltmarktpreis
allerdings ins Bodenlose ab, so
dass die Minen unrentabel wurden
und stillgelegt werden mussten. In
den verlassenen Gruben bildeten
sich durch Grund- und Regenwas-
ser zahlreiche Seen und Tümpel.
Teilweise wurde das Gelände auf-
wändig rekultiviert oder bebaut.
Oftmals blieben aber auch ökologisch tote Mondlandschaften mit
giftigen Abraumhalden und ver-
seuchtem Grundwasser zurück. Ein
Erbe des Industriezeitalters, mit
dem sich noch kommende Generationen herumschlagen werden.

Karte
Seite
79

Der Buddha im Perak-Tong-Tempel bei Ipoh ist 15 m hoch

Stadt Malaysias und das moderne Wirtschaftszentrum des Bundesstaates Perak.

Die Altstadt

In der Altstadt westlich des Kinta-Flusses konzentrieren sich die noch gut erhaltenen Prachtgebäude aus britischer Kolonialzeit. Dem **Bahnhof,** 1917 im maurischen Stil erbaut, stehen das **Gerichtsgebäude** und das **Rathaus** *(Dewan Bandaraya)* mit dem Uhrturm gegenüber. Nördlich davon erstreckt sich die Rasenfläche des Padang, eingerahmt von der neugotischen **St.-Michaels-Schule,** repräsentativen Bankgebäuden, der **India-Moschee** und dem **Royal Ipoh Club,** in seiner gesellschaftlichen Bedeutung dem Selangor-Club in Kuala Lumpur (siehe S. 32) vergleichbar.

Östlich des Flusses bildet der große **Zentralmarkt** den Mittelpunkt der geschäftigen Chinatown.

Höhlentempel

In den imposanten Kalksteinfelsen nahe Ipoh haben sich Tropfsteinhöhlen gebildet, die im 20. Jh. teilweise zu buddhistischen **Höhlentempeln** ausgestaltet wurden, darunter der **Sam-Poh-Tong-Tempel,** 6 km südlich von

Ipoh. Die zahlreichen Altäre sind mit teilweise vergoldeten Statuen geschmückt.

Im Garten vor dem **Lin-Sen-Tong-Tempel** wird eine große Statue der Göttin der Barmherzigkeit von kleineren, etwas skurrilen Figuren umrahmt.

Im ***Perak-Tong-Tempel,*** 6 km nördlich der Stadt, thront inmitten einer Tropfsteinhöhle auf einer Lotosblüte eine 15 m hohe Buddhafigur, beschützt von überlebensgroßen Statuen der vier chinesischen Himmelskönige. Berühmt ist der Tempel vor allem für seine außergewöhnlich schönen Wandmalereien mit Motiven chinesischer Volkssagen und Kalligraphien namhafter Meister aus Malaysia und Taiwan.

i **Perak Tourist Office,** Jl. Tun Sambanthan, Tel. 05/241 2959, hinter dem High Court; Mo–Do 9–13, 14–17 Uhr, Fr 8–12.15, 14.45–17 Uhr.

Zugverbindung: Ipoh liegt an der Bahnstrecke Kuala Lumpur–Butterworth. Die gewaltige, luxussanierte Bahnhofshalle steht allerdings meist leer, da nur wenige Züge verkehren. **Busverbindung:** Von den Busbahnhöfen an der Jalan Tun Abdul Razak im Süden der Innenstadt fahren nur noch wenige Busse und Überlandtaxis. Die meisten fahren ab dem neuen Terminal Bas Ekspres in Medan Gopeng, 5 km südöstlich des Zentrums an der Straße nach Kuala Lumpur (dorthin mit einem Pendelbus oder Taxi). Von dort mehrmals täglich nach Kuala Lumpur, Penang, Kota Bharu, Melaka, Johor Bahru, Taiping, in die Cameron Highlands und nach Lumut, dem Fährhafen für die Überfahrt nach Pangkor. Einige Expressbusse nehmen die schnellere Nord-Süd-Autobahn, die Regionalbusse die alte Nationalstraße.

1

Karte
Seite
79

Pangkor ist eine auch bei Einheimischen beliebte Ferieninsel

Impiana Casuarina Ipoh,
18 Jl. Raja Dr. Nazrin Shah,
Tel. 05/255 5555, Fax 255 8177,
ipohhotels.impiana.com.
Das Spitzenhotel von Ipoh, mit Pool,
liegt am östlichen Stadtrand. ○○○

❚ **The Syuen,** 88 Jl. Sultan Abdul Jalil,
Tel. 05/253 8889, Fax 253 3335.
Modernes Großhotel im kolonialen
Revivalstil mit Pool und Tennis-
platz. ○○

❚ **Excelsior,** 43 Jl. Sultan Abdul Jalil,
Tel. 05/253 6666, Fax 253 6912,
www.hotelexcelsior.com.my.
Komfortabel, am Rande der Chinatown gelegen. ○○

❚ **Dragon & Phoenix Hotel,** 23/25 Jl.
Toh Puan Chah, Tel. 05/253 4661.
Saubere Zimmer in einem Hotelblock
nahe der Jl. Sultan Idris Shah. ○

❚ **Majestic,** im Bahnhofsgebäude,
Tel. 05/255 4217, Fax 253 5607.
Altes Haus mit dem verblichenen
Charme vergangener Zeiten. ○

Da über 70 % der Einwohner
Ipohs Chinesen sind, domi-
nieren hier chinesische Restaurants.
Zu den besten zählen:

❚ **Overseas,** Jl. Seenivasagan, schräg
gegenüber dem Excelsior-Hotel. ○○
❚ **Chui Kah,** 32 Jl. Pasar, Nähe Uhrturm. Probieren Sie Steamboat, es ist
hier besonders lecker. ○

*Pangkor ❸

Das Innere der nur 12 km langen und
4 km breiten Insel ist gebirgig und von
dichtem Regenwald bedeckt. Auch
hier sind die prächtigen Nashornvögel
zu Hause. Traditionell leben die Insel-
bewohner vom Fischfang. Die meisten
der kleinen Fischerdörfer liegen an der
Ostküste. In **Kampung Pangkor** stehen einige wenige Geschäfte, Bank,
Post und eine Krankenstation zur Verfügung. Nahe der Südspitze sind in
Teluk Gedung noch Überreste des holländischen Forts Kota Belanda erhalten, das die Vereenigde Oostindie
Companie (VOC) Ende des 17. Jhs. zum
Schutz ihrer Handelsschiffe gegen
Piratenüberfälle errichtete.

Die Badestrände liegen an der
Westküste zum offenen Meer hin:
Pantai Pasir Bogak, Teluk Nipah und

1

**Karte
Seite
79**

Golden Sand Bay bieten zahlreiche Unterkünfte – von einfachen Strandhütten bis zu luxuriösen Resorts. Aufgrund der nahe liegenden Mangrovenküste und der Flussmündungen ist das Meerwasser um die Inseln herum nicht gerade für seine Klarheit berühmt. Dennoch ist Pangkor eine bei Einheimischen wie Ausländern beliebte Ferieninsel. In der Hauptsaison – während der malaysischen Schulferien (u. a. Nov./Dez.), an langen Wochenenden und Feiertagen – sollten Sie daher besser nicht ohne Vorausbuchung eines Zimmers losfahren.

i Das **Tourist Information Office** für Pangkor liegt in Lumut an der Uferpromenade, Tel. 05/683 4057; tgl. 9–17.30 Uhr und erteilt Auskunft über Unterkünfte auf Pangkor.

Flugverbindung: Das kleine Flugfeld auf Pangkor wird in der Hauptsaison von Berjaya mit kleinen Maschinen ab Kuala Lumpur angeflogen.
Busverbindung: Mehrfach tgl. Expressbusse und Überlandtaxis von Ipoh, Kuala Lumpur und Butterworth nach Lumut.
Schiffsverbindung: Fähren halbstdl. von 7 bis 20 Uhr von Lumut nach Pangkor und 4-mal tgl. zum Pangkor Laut Resort auf Pangkor Laut. Zu den vorgelagerten kleineren Inseln und abgelegenen Stränden können kleine Boote gechartert werden. Bei ruhiger See kann man vor der kleinen Insel Giam schnorcheln.
Inselverkehr: Auf der Insel verkehren zahlreiche pinkfarbige Minibus-Taxis. Fix-Preise für eine Fahrt vom Pier zu den Stränden, alle anderen Strecken müssen ausgehandelt werden.

🏠 **Pangkor Island Beach Resort,** Golden Sand Bay im Norden von Pangkor, Tel. 05/685 1091,

Fax 685 2390, www.pangkorisland beach.com. Großzügige Anlage mit Golfplatz, Wassersportmöglichkeiten, mehreren Restaurants und eigener Fähranlegestelle. ○○○
▪ **Pangkor Laut Resort,** Pangkor Laut, Tel. 05/ 699 1100, Fax 699 1200, www.pangkorlaut.com. Das exklusive und teure Resort ist inmitten üppiger Vegetation eingebettet. Ein Teil der Häuser ist auf Stelzen ins Wasser gebaut. ○○○

Am Pantai Pasir Bogak:
▪ **Sea View,** Tel. 05/685 1705, Fax 685 1970, www.seaviewpangkor.com. Buchen Sie statt der Zimmer lieber Chalets mit Meerblick, der Hotelstrand ist steinig, Restaurant direkt am Meer. ○○
▪ **Coral Bay Resort,** Tel. 05/685 5111, Fax 685 5666, www.pangkorcoral bay.com.my. Große Anlage mit Zimmern und Aparments, kleiner Pool im Innenhof. ○○
▪ **Puteri Bayu Resort,** Tel. 05/685 1929, Fax 685 1050, www.puteribayu.com. Freundliche Anlage mit hübschen Chalets in gepflegter Gartenanlage sowie preiswerteren Zimmern, eigener Strand und Pool, Ausflugsmöglichkeiten, Kanu- und Bootsverleih. ○–○○

Am Teluk Nipah:
▪ **Nipah Bay Villa,** Tel. 05/685 2198, www.pangkornipahbay.com. Gepflegte Bungalowanlage mit freundlicher Atmosphäre. ○
▪ **Pangkor Bay View,** Tel. 05/ 685 3540, www.pangkorbayview. com. Saubere, große, klimatisierte Zimmer im zweistöckigen Hotelgebäude sowie Chalets; Pool. ○

🍴 Empfehlenswert sind **Yee Lin** und **Pangkor Village Seafood** in Kampung Pangkor. Beide ○.

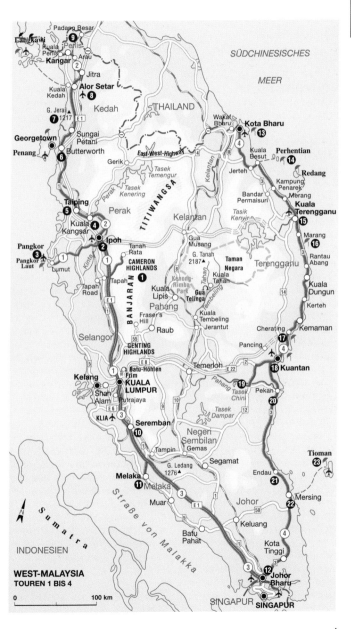

WEST-MALAYSIA
TOUREN 1 BIS 4

0   100 km

Malaysias Reiskammern

2

Karte
Seite
79

Ipoh → *Kuala Kangsar → Taiping
→ Gunung Jerai → *Alor Setar →
Perlis (320 km)

Die Bundesstaaten Kedah und
Perlis im Nordwesten Malaysias gelten als die Reiskammern des Landes.
Große Teile des Tieflandes sind geprägt vom satten Grün der Reisfelder.
Unvermittelt ragen bizarre Felsen
und Berge aus der Ebene empor. In
den Städten locken märchenhafte
Moscheen und Sultanspaläste. Die
Strecke von Ipoh nach Kuala Perlis ist
bequem in drei Tagen zu bewältigen.
Und Langkawi ist nur eine Schiffs-
stunde entfernt ...

Kuala Kangsar ❹

Hauptattraktion des beschaulichen
Sultansstädtchens (40 000 Einw.),
40 km, ist die *Ubudiah-Moschee.
1913 nach Plänen eines indischen Ar-
chitekten erbaut, gleicht sie mit ihren
Türmchen, Minaretten und der mäch-
tigen goldenen Zwiebelkuppel einem
Märchen aus Tausendundeiner Nacht.
Italienischer Marmor verleiht dem
Bauwerk Eleganz. Das Innere ist ver-
gleichsweise schlicht. Unterhalb der
Moschee liegt das Mausoleum der
Sultansfamilie.

Von einem Hügel oberhalb der Moschee überblickt der pompöse Sultanspalast **Istana Iskandariah,** der
nicht besichtigt werden kann, das
Flusstal. Schöner ist der alte Holzpalast, **Istana Kenangan,** 200 m südlich

– im malaiischen Stil ohne einen einzigen Nagel errichtet. Heute beherbergt er ein nettes kleines Museum,
das einen Eindruck vom Leben des
Sultans und seines Hofstaates vermittelt (Mo–Do 9.30–17, Fr 9.30–12.15,
14.45–17 Uhr).

Zug-/Busverbindung: An der Haupt-
strecke Kuala Lumpur–Butterworth.

Government Resthouse,
Jl. Istana, Tel. 05/776 3872.
Auf einem Hügel über der Stadt,
schöne Aussicht vom Restaurant
über den Perak-Fluss. ○

Taiping ❺

Die Zinnvorkommen lockten seit Mitte
des 19. Jhs. Arbeitskräfte aus China in
die Region. Zinnabbau und -handel
wurden zum wirtschaftlichen Rückgrat
der Stadt (220 000 Einw.). Am Nord-
rand der Innenstadt sind noch einige
Bauten aus der britischen Kolonialzeit
erhalten. Im östlichen Teil der groß-
zügig angelegten **Lake Gardens** an
der Jalan Taming Sari (auf dem Gelände einer ehemaligen Zinngrube) ist der
*Taiping-Zoo untergebracht (tgl. 8.30
bis 18.30, 20–23 Uhr lohnende Nacht-
safari; www.zootaiping.gov.my).

Weiter im Norden, ebenfalls an der
Jalan Taming Sari, befindet sich das
*Perak-State-Museum. Das älteste
Museum des Landes informiert über
Archäologie, Geschichte, Volksgruppen
und Fauna. (Tgl. 9–17.30 Uhr; Fr 12.15
bis 14.45 Uhr geschl.) Geländewagen
fahren die schmale, steile Straße auf
den **Bukit Larut** (Maxwell Hill) hinauf,
ein beliebtes Naherholungsgebiet in
über 1000 m Höhe.

Zugverbindung: An der Strecke Kuala
Lumpur – Butterworth.

Die Zahir-Moschee in Alor Setar zählt zu den schönsten des Landes

Busverbindung: Bus Terminal 6 km westlich des Zentrums in Kemunting. Busse nach Butterworth, Penang und Kuala Lumpur. Überlandbusse zwischen K.L. und Penang fahren nicht über Taiping

Cendana Hut, Bukit Larut, Tel. 05-806 1777. 6 renovierte Zimmer in einem der alten Bungalows aus britischer Kolonialzeit für Ruhebedürftige. ○–○○
▮ **Legend Inn,** 2 Jl. Long Jaafar, Tel. 05/806 0000, Fax 806 6666, www.legendinn.com. Komfortables Business-Hotel. ○

Butterworth ❻

Die Reise führt weiter nach Norden bis zur Hafen- und Industriestadt. Sie ist touristisch uninteressant, aber Ausgangspunkt für den Besuch der Insel Penang (s. S. 40).

Gunung Jerai ❼

Etwa 20 km nördlich erreicht man den Bundesstaat Kedah. Kurz hinter der Industriestadt Sungai Petani erhebt sich das imposante Bergmassiv des Gunung Jerai (1217 m), an dessen Südhang Archäologen beim Dorf Merbok Überreste eines hinduistischen Heiligtums aus dem 7. Jh. entdeckten. Einige interessante Funde sind im archäologischen Museum oberhalb der Ausgrabungsstätte ausgestellt (Tel. 04/457 2005, tgl. 9–17 Uhr, www.jmm. gov.my).

*Alor Setar ❽

Die Hauptstadt des Bundesstaates Kedah (300 000 Einw.) ist Zentrum des landwirtschaftlich geprägten Nordwestens. Die ***Zahir-Moschee** (1912) im Stadtzentrum zählt zu den schönsten islamischen Gotteshäusern des

Landes: im maurisch-indischen Misch-stil mit feinen Details und dezenter Farbgebung. Ein architektonisches Kuriosum ist das separat gelegene Hauptminarett in Form eines Uhr-turms.

Gegenüber steht die **Balai Besar,** die »Große Halle«, 1898 als zweige-schossige Holz-Eisen-Konstruktion er-richtet – das Ergebnis ist eines der schönsten Beispiele malaiischer Ar-chitektur. Im achteckigen Turmbau des **Balai Nobat** werden die Musikin-strumente des königlichen Zeremo-nienorchesters aufbewahrt.

Vom 165 m hohen **Telekom-Turm** (Menara) im Stadtzentrum kann man die Aussicht über Alor Setar und das Umland genießen – entweder von der Aussichtsplattform oder vom Dreh-restaurant aus. Tgl. außer Fr 10 bis 22 Uhr, 8 RM.

Das **Reismuseum** (Muzium Padi), 8 km nördlich der Stadt inmitten der Reisfelder, das über Reisanbau infor-miert, wirkt völlig überdimensioniert.

Flugverbindung: Mehrmals tgl. mit Air Asia und MAS nach Kuala Lumpur.
Zugverbindung: Täglich mit dem International Express nach Bangkok; zudem verkehrt der Langkawi Express nach Kuala Lumpur und Hat Yai (Thai-land).
Busverbindung: Überlandbusse vom Bus Terminal (im Norden der Stadt, Jl. Sultanah) nach Butterworth, Ipoh, Kuala Lumpur, Johor Bahru, Singapur und Kota Bharu.
Fähren nach Langkawi etwa stündlich bis gegen 18 Uhr ab Kuala Kedah.

🏠 **Grand Crystal,** 40 Jl. Kampung Perak, Tel. 04/731 3333, Fax 731 6368, www.ghihotels.com.my. Hotel in zentraler, aber ruhiger Lage nahe der Moschee, mit kleinem Dach-Pool. ○○

▌ **Holiday Villa,** 163, Jalan Tunku Ibrahim, Tel. 04/734 9999, www. holidayvillaalorstar.com. Das beste Hotel der Stadt über dem City-Plaza-Einkaufszentrum mit Restaurants, Fitnesscenter und Pool. ○○

Perlis ❾

Von Alor Setar ist es nicht weit zum Hafenort **Kuala Kedah** (Taxis und Bus-se von Alor Setar), von wo Boote zur Insel Langkawi (s. S. 49) übersetzen.

Nördlich von Alor Setar zweigt bei Jitra die Landstraße von der Autobahn nach Nordwesten ab. Gut 20 km wei-ter liegt Perlis, das kleinste malaysi-sche Sultanat. Es gehörte lange Zeit zu Kedah, geriet im 19. Jh. in die Ab-hängigkeit Thailands und 1909 in die der Briten.

Im verschlafenen Residenzstädt-chen **Arau** stehen der Sultanspalast (Istana) sowie die alte und die neue Staatsmoschee.

Nur 10 km entfernt ist **Kangar,** die Hauptstadt des Sultanats. Tagesaus-flüge in die Umgebung – etwa zur **Schlangenfarm** von Sungai Batu Pa-hat (östlich von Kangar) oder zur Tropfsteinhöhle **Gua Kelam** im Perlis State Park beim Ort Kaki Bukit im Nor-den – lohnen.

Zugverbindung: In Arau hält der Langkawi Express zwischen Kuala Lumpur und Hat Yai (Thailand).
Busverbindung: Busse und Überland-taxis zwischen Arau, Kangar, Alor Setar, Butterworth, Padang Besar (Grenzort zu Thailand) und Kuala Perlis.
Schiffsverbindung: Vom Hafenort Kuala Perlis zwischen 8 und 18 Uhr etwa stündlich Fähren nach Langkawi. An Wochenenden und in den Schul-ferien ist ein rechtzeitiger Ticketkauf ratsam.

Tour 3

Auf den Spuren der Geschichte

Kuala Lumpur → Seremban → **Melaka → Johor Bharu (355 km)

Im Süden haben die unterschiedlichsten Kulturen ihre Spuren hinterlassen. In der Gegend von Seremban ließen sich vor Jahrhunderten die Nachkommen des stolzen Volkes der Minangkabau aus Sumatra nieder. In Melaka finden Sie die ältesten Moscheen und Tempel des Landes, daneben Bauten europäischer Kolonialherren. Die Sultansstadt Johor Bahru hat sich zur modernen Nachbarstadt von Singapur entwickelt. Rechnen Sie für die Strecke knapp eine Woche; für Melaka sollten Sie mindestens zwei Tage einplanen.

Seremban ⑩

Die Museumsanlage **Taman Seni Budaya Negara** in der Hauptstadt (300 000 Einw.) des Bundesstaates Negri Sembilan liegt kurz hinter der Autobahnausfahrt Seremban in Richtung des alten Stadtzentrums. Im Garten wurde der Sultanspalast aus der alten Residenzstadt Ampang Tinggi wieder aufgebaut. Hier stehen zudem ein weiteres traditionelles schwarzes Haus, die Nachbildungen verschiedener Megalithen aus Fort Kempas und eine Reismühle. (Tgl. 10–18 Uhr, Fr 12.15–14.45 Uhr geschl., Eintritt frei.) Eine neue Satellitenstadt wird als Verwaltungszentrum südlich des alten Kerns inmitten von Plantagen aus dem Boden gestampft.

Die Minangkabau haben auch nach ihrem Übertritt zum Islam ihr traditionelles matri-lineares Gesellschaftssystem bewahrt. Frauen sind die Eigentümerinnen des Familienbesitzes, den sie an die Töchter vererben. Ihre Häuser tragen Dächer, deren zum Himmel gerichtete Giebel Büffelhörner symbolisieren. Mittlerweile hat die Architektur der Minangkabau fast schon den Stellenwert eines malaysischen Nationalstils erreicht.

**Melaka ⑪

3

Karte
Seite
79

Die Stadt (166 000 Einw.), 150 km von K. L. entfernt, entwickelte sich im 15. Jh. aufgrund der strategisch günstigen Lage an der engsten Stelle der Meerenge zwischen Sumatra und der Malaiischen Halbinsel zum bedeutender Handelsplatz. Kaufleute aus Ostasien, Indien und Arabien trieben hier Handel. Auch chinesische Einwanderer fanden den Weg in die Stadt. Ihre Nachkommen werden heute als *Baba-Nyonya* bezeichnet. Arabische Händler brachten den Islam in das einstige Malakka. Bald schon ließ sich ein mächtiger Sultan nieder, und um 1500 herrschte das Sultanat von Malakka über große Teile der Halbinsel und Sumatras. 1509 tauchte vor der Küste das erste portugiesische Schiff auf. 1511 vertrieben die Portugiesen den Sultan und errichteten die Festung A Famosa. Nach längerer Belagerung zogen dann 1641 die Holländer in die Stadt ein. Ihre Kolonialinteressen lagen jedoch weiter im Osten, zwischen Java und den Molukken. Malakka verlor zunehmend an Bedeutung, bis schließlich 1824 die Engländer die Geschicke der Stadt übernahmen.

Aber auch die East India Company nutzte den Hafen wenig. Singapur und Penang wurden neue Handelsmetropolen der Region. So prägen heute nicht glitzernde Hochhausfassaden oder moderne Industrieviertel das Stadtbild, sondern traditionelle Geschäfts- und Wohnhäuser.

Erkunden Sie Melaka einmal in einer der liebevoll gepflegten Rikschas, am besten am Sonntag vormittag, wenn wenig Verkehr ist.

Die Altstadt

Der Stadtrundgang beginnt gegenüber der Tourist Information am Roten Platz: Alle umliegenden Gebäude sind rot getüncht. Hinter dem **Uhrturm** und dem **Queen-Victoria-Brunnen** erhebt sich das ***Stadthuys** Ⓐ. 1650 als Gouverneurshaus erbaut, ist es das älteste erhaltene holländische Steingebäude in Asien. Heute präsentiert hier ein historisches und ethnologisches Museum die bewegte Vergangenheit (tgl. 9–17 Uhr, Fr–So bis 21 Uhr).

Die holländische **Kirche** *(Christ Church)* Ⓑ wurde 1753 geweiht. Ihre Deckenbalken sind aus je einem einzigen Baumstamm geschnitzt, die Grabplatten tragen englische, holländische und lateinische Inschriften.

Die **Franz-Xavier-Kirche** Ⓒ, ein neugotisches Bauwerk des 19. Jhs., ist nach dem Jesuitenmissionar benannt, der den katholischen Glauben im 16. Jh. nach Malakka brachte.

Vorbei an einem kleinen Friedhof mit holländischen und englischen Gräbern geht es zur ***Istana** Ⓓ, einer Nachbildung des ehemaligen Sultanspalastes; im Innern Ausstellungsstücke zur Geschichte der Malaiien, Kunst- und Alltagsgegenstände sowie eine Replik der Audienzhalle des Sultans (tgl. 9–17.30 Uhr).

Im 1912 als Klubhaus errichteten **Declaration of Independence Memorial** Ⓔ wurde am 31. 8. 1957 die Unabhängigkeit des Landes ausgerufen.

Die holländische Kirche in Melaka

Eine Ausstellung dokumentiert das historische Ereignis. (Mo geschl.)

Die ***Porta de Santiago** Ⓕ, das massige Tor von 1512, ist das letzte Zeugnis der mächtigen Portugiesenfestung A Formosa. Die Jahreszahl 1670 im Torbogen erinnert an die Restaurierung durch die Holländer. Das Wappen der Vereenigde Oostindie Companie (VOC) ist noch zu erkennen.

Stufen führen hinauf zum St.-Pauls-Hügel mit der Ruine der **St.-Pauls-Kirche** Ⓖ, einst Teil der portugiesischen Festung. Nachdem die Holländer diese 1593 in Schutt und Asche gelegt hatten, wandelten sie die Kirchenruine in einen Ehrenfriedhof um. Im Kirchenschiff sind zahlreiche Grabsteine mit holländischen Inschriften zu finden. Vor der Kirche steht die Statue des zeitweilig hier begrabenen Missionars Franz Xavier.

Der Nachbau eines portugiesischen Segelschiffs auf dem Fluss beherbergt das **Samudera Museum** Ⓗ mit Exponaten zur Geschichte der Seefahrt. (Mo–Do 9–7.30, Fr–So 9–21 Uhr.)

Auf dem Gelände des Dataran Pahlawan, eines gigantischen Einkaufszentrums im Herzen der Altstadt, wird in einer **Sound & Light Show** jeden Abend die Geschichte der Stadt präsentiert (Englisch).

3

Karte
Seite
85

Auf den **Menara Tinjau,** einen 110 m hohen Aussichtsturm, werden bis zu 80 Besucher in einer Kapsel in 5 Min. hinaufgefahren und können dabei die Aussicht genießen. Von Anlegestellen am Fluss starten **Ausflugsboote** zu einer Citytour. An der Uferpromenade lässt es sich gut flanieren.

Die Chinatown

Von der Tourist Information geht es auf die westliche Seite des Flusses ins Chinesenviertel. In der Jl. Tun Tan Cheng Lock 50 widmet sich in einem prachtvollen ehemaligen Wohngebäude das ***Baba-Nyonya-Heritage-Museum ❶** dem Leben der Nach-

Ⓐ Stadthuys
Ⓑ Christ Church
Ⓒ Franz-Xavier-Kirche
Ⓓ Istana
Ⓔ Declaration of Independence Memorial
Ⓕ Porta de Santiago
Ⓖ St.-Pauls-Kirche
Ⓗ Samudera Museum

❶ Baba-Nyonya-Heritage-Museum
❿ Cheng Ho Cultural Museum
Ⓚ Sri-Poyyatha-Vinayagar-Moorthi-Tempel
Ⓛ Kampung-Keling-Moschee
Ⓜ Cheng-Hoon-Teng-Tempel
Ⓝ Kampung-Hulu-Moschee
Ⓞ Kampung Morten

3

**Karte
Seite
85**

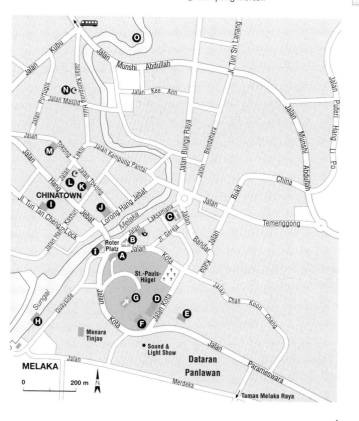

fahren der chinesischen Einwanderer. Wertvolle Einrichtungsgegenstände aus Edelhölzern, Silber und Porzellan geben eine Vorstellung vom Reichtum der Baba-Nyonya. (Tgl. 10–12 und 14.30–16.30 Uhr.)

Das **Cheng Ho Cultural Museum** ⓙ dokumentiert in acht alten Geschäftshäusern das Leben von Admiral Cheng Ho (51 Lorong Hang Jebat, tgl. 9 bis 17 Uhr, Fr, Sa bis 18 Uhr).

Der **Sri-Poyyatha-Vinayagar-Moorthi-Tempel** ⓚ (Ende 18. Jh.). Geweiht ist er dem elefantenköpfigen Gott Ganesha, dessen Statue auf dem Altar zu erkennen ist.

Nebenan bezeugen das gestufte Pyramidendach und das pagodenartige Minarett der ***Kampung-Keling-Moschee** ⓛ den Einfluss Sumatras auf die malaiische Baukunst des 18. Jhs.

*Cheng Hoon Teng ⓜ heißt der älteste chinesische Tempel des Landes (1645). Auf dem Hauptaltar thront eine Statue von Kuan Yin, der Göttin der Barmherzigkeit.

In den Geschäften gegenüber des Tempels kaufen Chinesen für ihre Verstorbenen Imitate aus Papier und Pappe, vom Fernseher bis zur Kreditkarte. Bei den Begräbnisfeiern werden diese dann dem Feuer und damit den Geistern der Toten mitgegeben, damit sie auch im Jenseits ausgestattet sind.

Kampung-Hulu-Moschee ⓝ

Die Moschee von 1728 ist die älteste des Landes. Im Vergleich zum neueren arabischen Stil wirkt ihr massiges achteckiges Minarett fast plump.

Kampung Morten ⓞ

In der malaiischen Siedlung nördlich des Zentrums am Fluss kann die **Villa Sentosa** besichtigt werden. In dem hübschen, traditionellen Holzhaus der

In der Altstadt von Melaka

Familie von Haji Hashim haben mehrere Generationen ihre Spuren hinterlassen, ebenso berühmte Besucher, wie der König. (The Living Museum, 138 Kampung Morten, tgl. 9–13, 14 bis 17.30 Uhr, Fr ab 14.45 Uhr; es wird eine Spende erwartet.)

i **Tourist Information,** Jl. Kota, Tel. 06/281 4803, tgl. 9–17.30 Uhr. Nebenan die **Tourism Malaysia,** Jl. Banda Kaba, Tel. 06/288 1549. Mo–Fr 8–17 Uhr. Filiale am Tower, tgl. 8–17 Uhr.

Busverbindung: Busbahnhof Melaka Sentral, Jl. Tun Razak/Jl. Bandaraya, nördlich des Zentrums. Expressbusse in alle größeren Städte.

Renaissance Melaka, Jl. Bendahara, Tel. 06/284 8888, Fax 284 9269, www.renaissance hotels.com/mkzrn. Erstklassiger Service, entsprechende Preise. ○○○

■ **The Majestic Malacca,** 188 Jl. Bunga Raya, Tel. 06/289 8000, Fax 289 8080, www.majesticmalacca.com. Elegantes Boutique-Hotel im Nonya-Stil mit 52 Zimmern hinter dem historischen Hotelgebäude, das nun Restaurant, Bar und Lesezimmer beherbergt. Originelles Spa, Pool und Fitnesscenter. ○○○

■ **Puri Hotel,** 118 Jl. Tun Tan Cheng Lock, Tel. 07/282 5588, Fax 281 5588, www.hotelpuri.com. Im stilvoll modernisierten Haus lohnt sich ein teureres Zimmer. Hübscher Innenhof mit Garten, Café und kleinem Museum. ○○

■ **The Baba House,** 125–127 Jl. Tan Cheng Lock, Tel. 06/281 1216, Fax 281 1217, www.thebabahouse.com.my. Klimatisierte, kleine Zimmer mit Fenstern zum Innenhof in einem alten Haus in der Chinatown. ○

Ein beliebtes Viertel für ein nettes Abendessen ist **Taman**

3

Karte Seite 85

Melaka Raya am Südostrand der Altstadt. Hier kann man auch die Nonya-Küche ausprobieren, so im **Ole Sayang** (198 Jl. Taman Melaka Raya, ○○).
■ Auch in der **Portugiesischen Siedlung** noch weiter östlich konzentrieren sich rings um einen freien Platz nahe dem Meer verschiedene Seafood-Restaurants und Essenstände.
■ Das neue **Newton Food Centre** nahe dem Aussichtsturm vereint unter einem Dach viele Essenstände. Vorn wird chinesisch und hinten malaiisch gekocht.

Zahlreiche Antiquitätenläden konzentrieren sich in und um **Jalan Hang Jebat** und **Jalan Tokong.** Handeln nicht vergessen! Aber Vorsicht: Nicht alles, was antik aussieht, ist auch alt! Von allen Einkaufszentren beeindruckt die größte Megamall **Dataran Pahlawan** mitten im Zentrum schon allein durch ihre Architektur.

Johor Bharu ⑫

Die Hauptstadt des südlichsten Bundesstaates Johor (800 000 Einw.) wurde 1866 gegründet. Bereits 1924 wurde ein Bahn- und Autodamm, der **Causeway,** über die Johor Strait nach Singapur gebaut. Johor Bharu profitierte vom wirtschaftlichen Aufschwung der Nachbarstadt, nicht zuletzt dank der hier wesentlich niedrigeren Arbeitslöhne und Grundstückspreise. So wird das Stadtbild von modernen Hochhäusern, prächtigen Einkaufszentren und großen Industriegebieten geprägt. Johor Bharu ist kein ausgesprochenes Touristenziel. Einen Besuch lohnen aber der ehemalige Sultanspalast und die Moschee.

Westlich des Causeway liegt inmitten einer schönen Parkanlage der **Istana Besar;** 1866 begonnen, weist er deutliche Einflüsse des viktoriani-

schen Stils auf. Im Inneren zeigt das Royal Abu Bakar Museum Kronjuwelen und Kunstgegenstände aus dem Besitz des Sultans (tgl. außer Fr 10–16.30 Uhr).

Auf einem Hügel erhebt sich die imposante ***Sultan-Abu-Bakar-Moschee** (1892). Die Fassade mit Stilelementen der Neorenaissance belegt den starken Einfluss der europäischen Baukunst im 19. Jh. auch in diesem Teil der Welt.

ℹ Johor Tourism Department, Suite 5–4 JOTIC, 2 Jl. Air Molek, Tel. 07/223 4935, Fax 223 7554, www.johortourism.com; Mo–Fr 8–17 Uhr.

Flugverbindung: Flughafen 25 km nördlich. Regelmäßige Verbindungen mit MAS nach Kuala Lumpur und Kuching. Air Asia fliegt zudem nach Penang, Sibu, Miri, Kota Kinabalu, Medan, Bangkok, Macau, Jakarta und Surabaya.
Zugverbindung: Tgl. Expresszüge nach Kuala Lumpur, Nachtzug nach Wakaf Bharu bei Kota Bharu an der Ostküste.
Busverbindung: Vom Larkin Bus & Taxi Terminal 6 km nördlich des Zentrums fahren Expressbusse in alle größeren Städte des Landes. Für den Grenzverkehr nach Singapur wurde ein neuer Abfertigungsterminal neben dem Bahnhof gebaut. Taxis und Busse nach Singapur ab Busbahnhof und zentralem Busbahnhof Kota Raya.

Hyatt Regency, Jl. Sungai Chat, Tel. 07/222 1234, Fax 222 2718, www.johorbahru.regency.hyatt.com. Gutes Preis-Leistungs-Verhältnis nahe dem Sultanspalast. Italienisches open-air Restaurant, Pool. ○○○
■ **Meldrum Hotel,** 1 Jl. Sin Nam, Tel. 07/227 8988, Fax 227 8990. Renovierter, sauberer 5-stöckiger Hotelblock mitten im Zentrum. ○

3
Karte
Seite
85

Tour 4

Flugdrachen und Trauminseln

*Kota Bharu → **Perhentian-Inseln → Kuala Terengganu → Cherating → Kuantan → Tasek Chini → **Tioman (700 km)

Fernab von Handelswegen und Wirtschaftszentren wurden über Jahrhunderte an der Ostküste die Traditionen der Malaien gepflegt. Nirgendwo im Land ist der Einfluss des Islams ausgeprägter als hier. Die Tour führt die Ostküste entlang, vorbei an verträumten Fischerdörfern und endlosen Sandstränden. Inselparadiese im kristallklaren Wasser des Südchinesischen Meeres bieten Erholung und Entspannung pur. Von Kota Bharu bis Tioman braucht man mindestens eine Woche. Abstecher zu den Inseln verlängern die Reise beliebig. In den stärker muslimisch geprägten Staaten Kelantan und Terengganu fällt das Wochenende übrigens auf den Donnerstag und Freitag!

Kota Bharu ⑬

Das Leben in der Stadt (430 000 Einw.), einem Zentrum der malaiischen Kultur, geht einen gemächlichen Gang. Direkt neben dem Tourist Information Centre (TIC) steht in der Jalan Hospital das ***Kelantan-Museum,** in dem Flugdrachen, Musikinstrumente, Silberwaren und anderes zu bestaunen sind (tgl. außer Fr 8.30–16.45 Uhr).

Auf dem Platz **Gelanggang Seni,** an der Jalan Mahmud, werden traditionelle Tanz- und Musikvorführungen geboten (Febr. [März]–Okt. Mo, Mi, Sa So 15.30–17.30 Uhr, Mi, Sa 21–23 Uhr; außer Ramadan, Eintritt frei). Männer tragen Wettbewerbe mit Riesenkreiseln, Flugdrachen und im Kampfsport Silat (s. S. 24) aus. Nähere Informationen über das aktuelle Programm erteilt das Tourist Information Centre.

Der Herz der Stadt schlägt im ***Pasar Besar,** der großen Markthalle, in der Berge von Obst und Gemüse feilgeboten werden. Von den Galerien aus haben Sie einen herrlichen Blick über das bunte Treiben. In den oberen Stockwerken gibts Gewürze, Haushaltswaren und Stoffe.

Um den Padang Merdeka gruppieren sich die Prunkbauten des Sultans. Die **Istana Balai Besar,** die Audienz- und Krönungshalle von 1844, ist der Öffentlichkeit zugänglich. In der kleineren **Istana Jahar,** einem hübschen Holzpalast aus dem 19. Jh., ist ein Museum untergebracht, das Sie in die Zeit am Hofe des Sultans versetzt (Sa–Do 8.30–16.45 Uhr). An der Jalan Sultan steht die **Al-Muhammadi-Moschee.** Das Bauwerk, 1926 eingeweiht, zeigt deutlich Einflüsse des britischen Kolonialstils.

10 km nördlich erstreckt sich der kilometerlange, breite und feinsandige – aber leider nicht besonders saubere – Strand **Cahaya Bulan.** Auf dem Weg dorthin können Sie in kleinen Dörfern Batikstoffe und andere Souvenirs einkaufen.

4
Karte
Seite
79

i Tourist Information Centre (TIC), Jl. Sultan Ibrahim, nahe Jl. Hospital, Tel. 09/748 5534, So–Do 8–13 und 14–16.45 Uhr (Do nur bis 16.30 Uhr).

Flugverbindung: Flughafen 8 km östlich der Stadt. Täglich Flüge nach Kuala Lumpur und Penang.

Die reinsten Kunstwerke: Flugdrachen!

4

Karte Seite 79

Main Gasing – Spiel der Riesenkreisel

Zugverbindung: Von Wakaf Bharu (westl. vom Fluss) zwei Nachtzüge und ein Tagzug über Kuala Lipis, Jerantut (Taman Negara) und Gemas nach Johor Bahru (12,5 Std.) und Singapur, ein weiterer Nacht- und Tagzug nach Kuala Lumpur.

Busverbindung: Überlandbusse von Transnasional nach Kuala Lumpur, Johor Bahru, Kuantan und Kuala Terengganu fahren ab Langgar-Busterminal im Süden der Stadt; Busse privater Unternehmen starten vom Busterminal in der Jl. Hamzah. Vom zentralen Busbahnhof in der Jl. Padang Garong fahren zahlreiche Busse in die Umgebung und zur thailändischen Grenze.

Reine Männersache: Flugdrachen und Riesenkreisel

Im Frühjahr summt der Himmel über Kelantan. Bunte Flugdrachen drehen Pirouetten und geben dabei einen vibrierenden Ton von sich. Aber nicht Kinder, sondern erwachsene Männer lassen die bunt bemalten *wau* in Höhen von über 200 m steigen. Die größten Drachen haben eine Spannweite bis zu 2 m. Es ist Tradition, nach der Reisernte Drachenflugwettbewerbe auszutragen, bei denen nicht nur die Flughöhe bewertet wird, sondern auch Form und Zeichnung der Drachen, Flugfiguren und die Klarheit des Summtons.

Eine andere beliebte Freizeitbeschäftigung der Malaien ist *main gasing,* ein Mannschaftswettbewerb mit Riesenkreiseln. Nur mit viel Geschick lassen sich die tellergroßen, bis zu 6 kg schweren Metallkreisel in Schwung bringen. Ein langes Tau wird eng um den Kreisel geschnürt. Dann holt der Wettkämpfer aus und schleudert den Kreisel zu Boden. Sofort versucht ein anderer mit Hilfe einer Schaufel den Kreisel aufzunehmen und ihn auf einen Holzstab, der in der Erde steckt, zu setzen. Dort rotiert der Kreisel bis zu zwei Stunden. Das Ganze wiederholt sich immer wieder, bis schließlich ein oder zwei Dutzend Kreisel gleichzeitig in Bewegung sind. Die Mannschaft, der es gelingt, ihre Kreisel am längsten rotieren zu lassen, geht als Gewinner aus dem Wettkampf hervor.

Renaissance, Jl. Sultan Yahya Petra, Tel. 09/746 2233, Fax 747 0702, www.marriott.com. Das etwas außerhalb gelegene Hotel ist derzeit die erste Adresse in der Stadt. ○○○

▮ **New Pacific Hotel ,** Jl. Pengkalan Chepa, Tel. 09/745 6555, Fax 745 6500, www.newpacifichotel.com. my. Komfortables Hotel mit Pool. ○○

▮ **Grand Riverview Hotel,** Jl. Post Office Lama, Tel. 09/743 9988, Fax 743 8383, www.grh.com.my. First-Class-Hotel mit komfortablen Zimmern, von einigen genießt man einen schönen Flussblick. ○○

▮ **Royal Guest House,** 440–443 Jl. Hilir Kota, Tel. 09/743 0008, royalgh@streamyx.com. 45 modern eingerichtete komfortable Zimmer, die preiswerten sehr klein oder ohne Aussicht. ○

Syam, Lot 594 Jl. Abdul Kadir Adabi. Gutes klimatisiertes Thai-Restaurant etwas außerhalb. ○○

▮ **Meena Curry House,** Jl. Gajah Mati. Indisches Banana-Leaf-Restaurant. ○

▮ Seit der malaiische **Nachtmarkt** in ein weniger attraktives Gebiet weiter nördlich verlegt worden ist, hat er an Anziehungskraft verloren, auch wenn die bunten Kuchen und leckeren Sate weiterhin locken. Ein chinesischer **Medan Selera** (Essensmarkt) und viele Restaurants in der Jl. Kebun Sultan. Während der abendlichen Gebetszeit gegen 19.30 Uhr schließen die malaiischen Restaurants, Cafés und Läden.

Ein breites Angebot an Kunsthandwerk bietet das **Kampung Kraftangan** beim Sultanspalast. Über Einkäufe in Batikfabriken und bei Kunsthandwerkern direkt informiert das Tourist Information Centre.

Reine Urlaubsfreude: Perhentian Besar

 **Perhentian-Inseln ⓮

In Jerteh zweigt die Landstraße Nr. 84 zur Küste ab. In Kuala Besut legen die Fähren zu den Inseln ab, wo Sie im warmen Meerwasser baden, an feinen Sandstränden unter Palmen dösen, bei Schnorchelausflügen und Tauchgängen die tropische Unterwasserwelt entdecken und wie Robinson die Insel erkunden können. Auf der größeren **Perhentian Besar** erstrecken sich an der Nordwestküste in mehreren weiten Buchten feine weiße Sandstrände, die sich gut zum Baden eignen. Die tiefe Bucht Teluk Dalam an der Südküste ist vor allem bei Ebbe sehr seicht.

Auf **Perhentian Kecil liegt** das einzige malaiische Fischerdorf mit einer Moschee, Schule, Krankenstation und Polizei. Der Strand in der Teluk Aur an der Westküste mit einem großen Pier

4

Karte Seite 79

Tauchen

Die Inseln sind von zahlreichen Korallenriffen und Felsen umgeben. Manches Schiffswrack liegt am Meeresboden. Mehrere Tauchschulen bieten Anfängerkurse, aber auch Tauchgänge für Erfahrene an. Beste Tauchsaison: April bis September.

wird ganzjährig von Fähren angefahren, während der bei Backpackern beliebte Long Beach (Pasir Panjang) an der Ostküste im Monsun nur über einen Fußweg erreichbar ist. An allen großen Stränden und einigen kleineren Buchten stehen Bungalowanlagen und Resorts.

Während der Schulferien (Juli/Aug.) und an Feiertagen sind viele Unterkünfte ausgebucht. In der Regenzeit (Nov.–Jan.) sind einige Chalets geschlossen und Boote verkehren nicht, wenn der Wellengang zu hoch ist.

Schiffsverbindung: Fährboote in der Hauptsaison von 8.30–17.30 Uhr. Am Hafen können Sie die Bootstickets kaufen und eine Unterkunft auf den Inseln buchen. Es gibt dort bewachte Parkplätze.

Perhentian Island Resort, Perhentian Besar, Teluk Pauh, Tel. 09/697 7562, Fax 697 7199, www.perhentianresort.com.my. Geräumige Bungalows an einer kleinen Bucht mit schönem Sandstrand, Restaurant, Pool. ○○○
▪ **Coral View,** Perhentian Besar, Teluk Pauh, Tel. 019/918 0943, Reservierung: Tel. 09/697 4276, Fax 690 2600. Von den Chaletanlagen die größte mit großer Bandbreite an Bungalows. ○○
▪ **Mama's Place,** Perhentian Besar, Tel. 019/981 3359, www.mamas chalet.com. Große Holzbungalows mit Terrasse an einem schmalem Sandstrand. ○
▪ **Flora Bay,** Tel. 09/697 7266, www.florabayresort.com. Schönste Anlage an der Teluk Dalam. ○–○○
▪ **Maya Beach Resort,** Telek Aur, Tel. 019/924 1644, prs@tm.net.my. Saubere Zimmer am Hang mit Meerblick. ○
▪ **Panorama,** Long Beach, Tel. 09/967 7542, www.malaysia-panorama.com. Holzbungalows auf weitläufigem Gelände. ○
▪ **Perhentian Kecil** bietet mehrere einfache Strandhütten. ○

Alle Strandhotels und Chalets haben Restaurants. Die Auswahl ist nicht überwältigend, der frische Fisch ist aber immer gut. ○

Kuala Terengganu ⑮

Wer mit dem Mietwagen unterwegs ist, sollte von der landschaftlich eintönigen N 3 in Jerteh oder Bandar Permaisuri zur Küste abzweigen. Über die Fischerdörfer Kampung Penarek und Merang (Fährhafen zur Insel Redang) erreicht man die Hauptstadt (370 000 Einw.; 160 km ab Kota Bharu) des Bundesstaates Terengganu an der Mündung des gleichnamigen Flusses. Sie hat sich durch die boomende Erdöl- und Erdgaswirtschaft (das Zentrum der Industrie Malaysias liegt im Süden Terengganus) zu einer modernen Großstadt entwickelt.

Interessant ist das große *Terengganu-Museum am Fluss südlich der Stadt. Es besitzt neben dem Terengganu-Stein mit den ältesten schriftlichen malaiischen Überlieferungen die Schätze des Sultanshofes, malaiisches Kunsthandwerk, eine hervorragende Sammlung an Textilien und Zeremonialdolchen (Kris) sowie Ausstellungen zur Geschichte und zur Ölgewinnung. In einem Park um das Hauptgebäude können Schiffe, regionaltypische Häuser und das ehemalige Frauenhaus der Sultansfamilie besichtigt werden. (Tgl. außer Fr 9–17 Uhr, Fr 9–12, 15 bis 17 Uhr.)

Auf einer nahen Flussinsel sind im **Taman Tamadu Islam** Modelle von 16 islamischen Gebäuden aus aller Welt zu sehen.

4
Karte Seite 79

Dahinter erhebt sich die gläserne ***Crystal Mosque,** das neue Wahrzeichen, das abends bunt beleuchtet wird.

> **ℹ Terengganu Tourist Information Centre,** Tel. 09/622 1553, www.terengganutourism.com, neben der Hauptpost, Sa–Mi 8–17, Do 8–15 Uhr.

Flugverbindung: Flughafen 12 km nördlich der Stadt. Täglich nach Kuala Lumpur.

 Aryani Resort, zwischen Kuala Terengganu und Marang), Tel. 09/653 2111, Fax 653 1007, www.thearyani.com. Abgelegenes Luxusresort mit lokalem Flair; Pool. ○○○

▌ **Primula Beach Resort,** Jl. Persinggahan, Tel. 09/622 2100, Fax 623 3360, www.primulahotels.com. Großes Hotel am Stadtstrand Pantai Batu Buruk mit Pool. ○○○

▌ **Y. T. Midtown Hotel,** Jl. Tok Lam, Tel. 09/623 5288, Fax 623 4399, ythotel@streamyx.com. Sauberes Hotel nahe der Chinatown. ○

Marang ⑯

Das einst malerische Fischerdorf Marang hat leider durch unverhältnismäßige Baumaßnahmen seinen einstigen Charme eingebüßt. Einige Fischerboote liegen in der geschützten Lagune vor Anker und warten auf Touristen.

⭐ Auf **Fluss-Safaris** können Sie im Mangrovendickicht Warane ausmachen und im Kampung Jenang Affen bei der Kokosnuss-Ernte zuschauen. Oder wie wär's mit einem Bade- und Schnorchelausflug zur nahen **Insel Kapas?**

Busverbindung: Expressbusse zwischen Kuala Terengganu und Kuantan halten auf Wunsch in Marang.

Cherating ⑰

Der kleine Urlaubsort an einer versandeten Meeresbucht ist vor allem bei Surfern beliebt. Busse halten auf Wunsch an der Hauptstraße.

4
Karte
Seite
79

Schildkröten an der Ostküste

Einst kamen riesige Lederschildkröten an den Strand von **Rantau Abang,** um ihre Eier in den Sand zu legen. Seit Jahren sind allerdings keine mehr gesichtet worden, und auch die Touristen bleiben aus.

Am Cendor Beach nördlich von Cherating, neben dem Club Med, versucht eine **Schildkrötenaufzuchtstation** (Turtle Sanctuary) drei kleinere Meeresschildkrötenarten zu schützen, deren Nach-

wuchs an diesem Strand das Leben erblickt. Eine Ausstellung über Schildkröten und andere Meeresbewohner ist das ganze Jahr über geöffnet. Sa–Do 9–13 und 14 bis 17.30 Uhr, Fr 9–12 und 15 bis 17.30 Uhr. In der Schildkrötensaison von Mai bis September kann man mit etwas Glück am Abend dabei sein, wenn Babyschildkröten freigelassen werden oder sogar wenn die Mütter zur Eiablage den Strand aufsuchen.

Die Sultan-Ahmad-Shah-Moschee in Kuantan

4

Karte Seite 79

Club Mediterranée, Cendor Beach, Tel. 09/581 9133 (Buchung: Tel. 03/2142 7633), Fax 581 9524, www.clubmed.com. Zweigeschossige Holzhäuser im Kampung-Stil, exklusive Ausstattung, eigener Sandstrand. ○○○
■ **The Legend,** südlich von Cherating, Tel. 09/581 9818, Fax 581 9400, www. legendsgroup.com. Modernes Hotel mit Pool, Disco und Restaurants. ○○
■ **Cherating Holiday Villa & Eastern Pavilion,** 4 km südlich von Cherating, Tel. 09/581 9500, Fax 581 9178, www.holidayvilla.com.my. Hotelanlage mit 2 Pools und umfangreichem Sportangebot, darunter Tennis, Squash, Sauna. ○○
■ **Cherating Bayview,** Cherating, Tel. 09/581 9248, Fax 581 9415. Gepflegte Chaletanlage, teils mit Meerblick. ○–○○

Kuantan ⑱

In der Hauptstadt (420 000 Einw.; 380 km von Kota Bharu entfernt) Pahangs trifft die Küstenstraße auf den Expresswax, der durchs Landesinnere nach Kuala Lumpur führt. Dank des Öl-

booms entwickelte sich Kuantan zum Wirtschaftszentrum der Ostküste. Das neue Wahrzeichen der Stadt ist die 1994 eingeweihte imposante **Sultan-Ahmad-Shah-Moschee** in der Jalan Mahkota, die Sie in angemessener Kleidung außerhalb der Gebetszeiten besuchen können.

Ein beliebtes Ausflugsziel von Kuantan ist der 5 km östlich vom Stadtzentrum gelegene Strand von **Teluk Chempedak,** an dem sich mehrere größere Hotels und Seafood-Lokale befinden.

Tourist Office, Jl. Mahkota, Tel. 09/517 7111, www.pahang tourism.org.my, Mo–Fr 8–17 Uhr.

Flugverbindung: Mehrmals tgl. nach Kuala Lumpur, Penang und Singapur.

Busverbindung: Busbahnhof, Jl. Stadium. Expressbusse nach Kuala Terengganu und Kota Bharu, nach Kuala Lumpur, Johor Bharu und Singapur.

Hyatt Regency Kuantan, Teluk Chempedak, östlich der Stadt, Tel. 09/518 1234, Fax 567 7577, www.kuantan.regency.hyatt.com. Spitzenhotel, mit eigenem Strandbereich. ○○○
■ **Grand Continental,** Jl. Gambut, Tel. 09/515 8888, Fax 515 9999, www.ghihotels.com.my. Zentral gelegener Hotelblock mit Restaurant, Disko und Pool. ○○
■ **Mega View,** 567 Jl. Besar, Tel. 09/ 517 1888, Fax 517 1999, www.mega viewhotel.com. Komfortabel und direkt am Fluss. Restaurant. ○

In den Hotels isst man immer gut, ebenso wie in Teluk Chempedak (s. oben). Wer es preis-

Am Tasek Chini

wert mag, geht zu den *foodstalls* am Flussufer oder am Samstag zum Nachtmarkt, Jl. Gambut.

Tasek Chini ⑲

Von Kuantan aus kann ein lohnender Abstecher ins Landesinnere zu den reizvollen, von Dschungel und Plantagen umgebenen Flussläufen und Seen des Tasek Chini organisiert werden. An den Ufern leben in kleinen Dörfern Orang Asli vom Stamm der Jakun, die Rotan sammeln, Ölpalmen ernten und mit schmalen Einbäumen zum Fischen fahren.

Die Männer von **Tanjung Puput** und Rajan Jones in **Kampung Gumum,** Tel. 017/913 5089,ieten Bootsausflüge an. Im Dorf, das ohne Straßenanschluss ist und auf einer Halbinsel liegt, hat man zudem die Gelegenheit, Souvenirs zu erwerben und sich im Blasrohr schießen zu üben.

Neben den Fahrten über die Seen lohnt eine Tour auf dem schmalen Abfluss, dem Sungai Chini, bis hinab zum Sungai Pahang, dem längsten Fluss West-Malaysias. Vor allem am frühen Morgen und späten Nachmittag bietet sich die einmalige Gelegenheit, in den von Würgefeigen und Epiphythen überwachsenen Bäumen Schlangen, Bindenwarane, Affen und Vögel zu beobachten.

⭐ Rajan Jones und einige Orang Asli bieten geführte Wanderungen an, u. a. auf den 700 m hohen Gunung Chini hinauf.

Busverbindung: Mit dem lokalen Bus von Kuantan bis Felda Chini Dara und weiter mit dem Taxi.

Pekan ⑳

An der Mündung des Pahang, des längsten Flusses der Malaiischen Halbinsel, 45 km südlich von Kuantan, liegt das kleine verträumte Städtchen, in dem der Sultan von Pahang residiert. Der moderne Palast im Süden der Stadt ist für Besucher nicht zugänglich. Neben der Residenz befindet sich der Poloplatz des Sultans. Im Stadtzentrum, direkt am Ufer des Pahang-Flusses, stehen **Abdullah-Moschee** und **Abu-Bakar-Moschee,** beide aus dem frühen 20. Jh. Im **Sultan-Abu-Bakar-Museum,** dem ehemaligen Sitz des britischen Gouverneurs, werden wertvolle Gegenstände aus dem Besitz des Sultans sowie regionales Kunsthandwerk gezeigt. Außerdem kann ein **Bootsmuseum** (Watercraft Gallery) am Flussufer besichtigt werden (Di–So 9.30–17 Uhr, Fr 12.15 bis 14.45 Uhr geschl., Eintritt frei).

Busverbindung: Expressbusse nach Kuantan und Johor Bahru.

Auf dem Weg nach Tioman

Von Pekan sind es 105 km vorbei an Kokospalmen und Plantagen bis nach **Endau** ㉑. Der gleichnamige Fluss bil-

4

Karte Seite **79**

det die Grenze zwischen den Bundesstaaten Pahang und Johor. Der **Nationalpark Endau-Rompin** im feuchtheißen Tieflanddschungel ist das Rückzugsgebiet äußerst selten gewordener Tiere, darunter das nahezu ausgestorbene Sumatra-Nashorn. Zoologen gehen davon aus, dass von den auf der Malaiischen Halbinsel noch existierenden etwa 60 Exemplaren der scheuen Dickhäuter gut ein Viertel in den abgelegenen Regenwäldern von Endau-Rompin lebt.

Reisebüros bieten Touren an und holen das erforderliche Permit der National Parks Corporation Johor ein. Die Preise sind allerdings hoch, die Unterkünfte sehr einfach. Buchung über die Johor National Parks Corporation, (in Johor Bharu, Tel. 07/788 2812, Fax 223 7472, www.johorparks.com).

Mersing ㉒ ist Ausgangspunkt für die Fährboote zu den Inseln vor der Küste, vor allem nach Tioman.

****Tioman** ㉓

Überragt vom 1035 m hohen markanten Gunung Kajang erhebt sich die 40 km lange und 12 km breite Insel aus dem Meer. Das gebirgige Innere ist von dichtem Urwald überwuchert. In den Buchten fanden einst Handelsschiffe, aber auch Piraten Schutz vor den heftigen Monsunwinden. Lange Zeit lebten nur einige hundert Fischer in kleinen Dörfern, bis die Insel von Touristen und als Filmkulisse entdeckt wurde. Strandresorts entstanden, eine winzige Landepiste wurde angelegt, Fischkutter wurden zu Fährbooten umfunktioniert, und der Insel wurde Zollfreiheit zugesprochen.

Kampung Tekek an der Westküste ist der größte Ort Tiomans. Hier kommen die meisten Fähren an und landen die Propellermaschinen. Es gibt

Moschee, Polizeistation, Schule, Post und Krankenhaus sowie eine große Bootsanlegestelle mit kleiner Marina. Von hier aus führt die einzige Straße der Insel zu einem Luxusresort. Noch ist Tioman weit gehend autofrei. Eine unbefestigte, steile Straße (nur Geländewagen) führt durch dichten Urwald nach Osten zur Bucht von **Kampung Juara.**

Kleine Badebuchten finden sich nördlich in **Air Batang** und **Kampung Salang.** Südlich liegen die kleinen Fischerdörfer **Paya, Genting** und **Nipah.** An der Südspitze der Insel, in der Nähe von Kampung Mukut und Kampung Asah, laden Wasserfälle zu einem erfrischenden Bad ein.

Flugverbindung: Täglich nach Kuala Lumpur (Subang) und Singapur (Seletar Airport). In der Hochsaison empfiehlt sich eine rechtzeitige Buchung!

Schiffsverbindung: Täglich Fähren und Schnellboote zwischen Mersing und Tioman. Die Fähren halten in Salang, Air Batang, Kampung Tekek, am Berjaya Tioman Beach Resort und in Kampung Genting. Außerdem Charterboote ab Mersing zu den benachbarten Inseln Rawa, Besar, Tinggi, Sibu und Lima. Zwei weitere Fähren verkehren zum Festland nach Tajung Gemuk bei Endau.

Zu den meisten Buchten führen schmale Fußpfade. Das einzige Transportmittel sind Boote, die gechartert werden müssen.

In Kampung Tekek:
Berjaya Tioman Beach Resort,
Tel. 09/419 1000, Fax 419 1718, www.berjayaresorts.com.my.
Das größte Hotel Tiomans mit komfortablen Bungalows, Restaurants, Golfpatz, Tennis, 2 Pools und Tauchschule. ○○○

Inselparadies Tioman

❚ **Babura Sea View,** Tel. 09/419 1139 Fax 419 1139. Schattige Chalets, Restaurant und Tauchshop. ○○

In Air Batang:

❚ **ABC,** Tel. 09/419 1154, Fax 419 1326, www.geocities.com/abcbeachtioman. Ebenfalls im Norden gelegen, eine und komfortable Bungalows, sehr beliebt. ○○–○

❚ **Bamboo Hill Chalets,** am nördlichen Ende der Bucht, Tel. 09/419 1339, www.geocities.com/bamboosu. Ansprechend eingerichtete Bungalows am Hang in einer tropischen Gartenanlage mit natürlichem Badebecken. ○○–○

In Salang:

Salang Beach Resort, Tel. 09/ 419 5022, Fax 07/799 3607, www.tioman-salang.com. Große Bungalowanlage am Strand. ○○–○

Wer es gern einsam und beschaulich mag, der findet weiter im Süden in kleinen Buchten einige komfortable Resorts:

❚ **Japa Mala,** nördlich von Kampung Nipah, Tel. 09/419 7777, Buchungen über Tel. 03/4256 6100, www.japamalaresorts.com. Edles,

kleines Boutique Resort mit allem Komfort und aufmerksamem Service. Interessante Architektur, teures Restaurant. ○○○

❚ **Melina Beach Resort,** an einem winzigen Strand zwischen Paya und Genting gelegen, Tel. 09/419 7080, Fax 419 7079, www.tioman-melinabeach.com. Klimatisierte Bungalows, Baumhaus, Penthouse und Schlafsäle direkt am Strand unter deutscher Leitung. Restaurant mit deutschen und malaysischen Gerichten. ○○–○○○

❚ **Minang Cove Resort,** zwischen Kampung Nipah und Kampung Mukut, Tel. 07/799 7372, www.minangcove.com. Gepflegte Zimmer und Villen mit Wohnbereich und Küche in einem Garten unter Palmen in schöner Umgebung, Tauchschule. ○○○○

Überwältigend ist die Auswahl an guten Lokalen auf Tioman nicht. Frische Fisch- und Seafood-Gerichte gibt es aber in fast allen Unterkünften. Besonders umfangreich ist das Angebot im **Berjaya Tioman** (○○).

4
Karte
Seite
79

Wassersport

Schnorcheln kann man an den meisten Stränden. Die Korallen sind hier allerdings – leider auch durch unvorsichtige Touristen – bereits geschädigt. Wer lieber taucht, fährt zu den überraschend guten strandfernen Korallenriffen, um die Inselchen **Tulai, Cebeh** und **Labas** nordwestlich von Tioman gelegen. Tauchschulen gibt es u. a. im Berjaya Tioman Beach Resort und in Salang.

Infos von A–Z

Ärztliche Versorgung

Der Krankenhausstandard in den größeren Städten entspricht dem europäischen Niveau. In ländlichen Gebieten gibt es Krankenstationen. Die Behandlung ist in staatlichen Hospitälern preiswerter als in Privatpraxen *(klinik)*. Die meisten Medikamente erhält man auch ohne Rezept in Apotheken.

Unbedingt ratsam ist der Abschluss einer Reisekrankenversicherung, die den medizinisch sinnvollen Rücktransport einschließt. Für die Anerkennung der Arztrechnung müssen der Name des Patienten, Geburtsdatum, genaue Diagnose, Medikamente und Kosten der Behandlung vermerkt sein, am besten auf Englisch.

Ausrüstung und Gepäck

Alles, was Sie zum Reisen benötigen, können Sie in Malaysia – meist sogar günstiger als in Europa – kaufen. Ins Reisegepäck gehören: Sonnenbrille, Sonnenschutz (LSF ab 20), Kopfbedeckung (gegen Sonne, Regen, Insekten im Wald), kleiner Regenschirm, Tagesrucksack für Ausflüge, langärmeliges Hemd (Bluse), Pullover oder wärmere Jacke (für Aufenthalte in Bergregionen) und Ihre persönliche Reiseapotheke (s. Gesundheit).

Für Dschungeltouren sollten Sie einpacken: feste bequeme Schuhe, Kopfbedeckung, Tagesrucksack, Plastiktüten (für alles, was trocken bleiben soll), Badekleidung, Handtuch, Feuerzeug, Taschenlampe, Mückenschutzmittel, Plastikflasche für Trinkwasser, Proviant (Reste in Mülltüte mit zurücknehmen), Erste-Hilfe-Set, Kamera, ggfs. eine Filmdose (als umweltfreundlicher Aschenbecher für Zigarettenkippen).

Diplomatische Vertretungen
Malaysische Botschaften in Europa:

❚ Klingelhöferstr. 6, 10785 Berlin, Tel. 0 30/8 85 74 90, Fax 88 57 49 50, mwberlin@malemb.com.
❚ Florido Tower, Floridsdorfer Hauptstr. 1–7, A 1210 Wien, Tel. 01/5 05 10 42, Fax 5 05 79 42, mwvienna@kln.gov.my.
❚ Jungfraustr. 1, 3005 Bern, Tel. 0 31/3 50 47 00, Fax 3 50 47 02, malberne@kln.gov.my.

Europäische Botschaften in Kuala Lumpur:

❚ **Deutsche Botschaft,** Kuala Lumpur, 26th Floor Menara Tan & Tan, 207 Jalan Tun Razak, Tel. 03/2170 9666, www.kuala-lumpur.diplo.de
❚ **Österreichische Botschaft,** Kuala Lumpur, Wisma Goldhill, 67 Jl. Raja Chulan, Tel. 03/2381 7160, Fax 2381 7168, kuala-lumpur-ob@bmaa.gv.at.
❚ **Schweizer Botschaft,** Kuala Lumpur, Empire Tower 58th Fl., 182 Jl. Tun Razak, Tel. 03/2164 5635, Fax 2164 5680, kua.vertretung@eda.admin.ch.

Drogen

Malaysias Drogengesetze sind äußerst streng! Schon der Besitz von wenigen Gramm Marihuana oder Haschisch kann Sie ins Gefängnis bringen und **auf Drogenbesitz von mehr als 15 Gramm steht die Todesstrafe!** Nehmen Sie deshalb nie von Fremden Geschenke an, um diese außer Landes zu bringen, und achten Sie darauf, dass niemand Dinge in Ihrem Gepäck versteckt!

Ein- und Ausreise

Bei Vorlage eines Reisepasses, der noch mindestens 6 Monate gültig ist, erhalten Sie ein Touristenvisum für 3 Monate. Bei der Einreise über Sarawak und Sabah wird an der Grenze mittlerweile ebenfalls ein 3-Monats-visum erteilt. Verlängerungen sind bei den Immigration Offices in größeren Städten möglich.

Elektrizität

Die Netzspannung beträgt 220 bis 240 Volt. Bei Steckern ist das britische System mit drei Stiften üblich. Einen Adapter nehmen Sie besser mit.

Feiertage

Neben den Festen der Volksgruppen (s. S. 23) werden auch staatliche Feiertage begangen. Das **islamische Neujahrsfest** wird mit Gebeten gefeiert. Am **Nationalfeiertag** (31. August), dem Tag der Unabhängigkeit, gibt es im ganzen Land, v. a. aber in Kuala Lumpur, farbenprächtige Umzüge. Landesweiter Feiertag ist auch der **Geburtstag des Königs** (3. Juni). Daneben sind als staatliche Feiertage arbeitsfrei: 1. Januar, 1. Mai und 25. Dezember. Wöchentlicher Ruhetag: siehe Öffnungszeiten.

Flugrückbestätigung/ Flughafengebühr

Der Rückflug nach Europa muss bei einigen wenigen Fluggesellschaften mindestens 48 Stunden vor Abflug (auch telefonisch) rückbestätigt werden; lassen Sie sich den so genannten *reconfirmation code* geben!

Die *airport tax* von 40 RM für internationale Flüge, 10 RM für Flüge nach Singapur und Brunei und 5 RM für Inlandsflüge ist mittlerweile fast immer im Flugticket enthalten.

Fotografieren

Mit Ausnahme von Militäranlagen gibt es keine Beschränkungen. Bei Aufnahmen von Menschen, besonders in Tempeln und Moscheen, sollte man aber um Erlaubnis fragen. Filme für Papierbilder werden überall verkauft, Diafilme seltener. Entwicklung und Papierabzüge sind preiswerter als in Europa, aber nicht immer von bester Qualität. In Internetcafés können Digitalbilder gebrannt und abgespeichert werden.

Für Aufnahmen im Regenwald sind besonders lichtempfindliche Filme (400 ASA) oder eine entsprechende Digitalkamara nötig.

Gesundheit

Das Leitungswasser ist meist einwandfrei, aber stark gechlort. Abgekocht kann es bedenkenlos getrunken werden. Verzichten Sie auf Salate, ungeschältes Obst und Gemüse sowie auf Speiseeis; wer ganz sicher gehen möchte, meidet auch Eiswürfel. Bei starken Durchfällen ist die Einnahme einer Elektrolytlösung zum Ausgleich von Flüssigkeits- und Salzverlusten ratsam.

Erkältungen sind dank der Klimaanlagen in den Tropen relativ häufig. Entsprechende Medikamente sollten Sie also dabei haben, ebenso wie Mittel gegen Prellungen, Zerrungen und Verstauchungen, eine Wundsalbe, Pflaster und Verbandsmaterial.

Impfungen gegen Hepatitis A und Typhus sind ratsam. Überprüfen Sie Ihren Tetanus- und Polio-Impfschutz. Eine Malariaprophylaxe ist nicht notwendig.

Auf dem Vormarsch ist Denguefieber, das ebenfalls durch Mückenstiche übertragen wird, gegen das es aber keine Schutzimpfung gibt.

Erkundigen Sie sich rechtzeitig beim Arzt oder Tropeninstitut. Auskunft unter www.fitfortravel.de.

Der beste Schutz gegen Mückenstiche sind langärmelige Hemden und lange Hosen, Socken, ein Mücken abweisendes Mittel und ein Moskitonetz über dem Bett.

Information

Malaysia Tourism Promotion Board versendet Infomaterial: Weissfrauenstr. 12–16, 60311 Frankfurt/M., Tel. 0 69/4 60 92 34 20, Fax 4 60 92 34 99, www.tourismmalaysia.de.

Die Adressen regionaler Informationsbüros stehen in den Städte- und Tourenbeschreibungen.

Internet

In allen größeren Städten bieten Internet-Cafés und Gästehäuser sowie die großen Hotels Internet-Zugang. Auch W-Lan ist weit verbreitet.

Kleidung

Im tropisch-heißen Klima empfiehlt sich leichte Bekleidung aus Leinen oder Baumwolle zu tragen. Stoffe aus Kunstfasern sind ebenso ungeeignet wie eng anliegende Kleidung. Auf ein korrektes Äußeres wird viel Wert gelegt. Badekleidung, Shorts und schulterfreie Blusen sind in Restaurants, Tempeln und Moscheen unpassend.

Belasten Sie sich nicht mit zu viel Gepäck, denn Kleidung und Wäsche können Sie überall innerhalb eines Tages waschen lassen, der Preis steht dabei in direktem Zusammenhang mit der Kategorie des Hotels.

Öffnungszeiten

Allgemeine Geschäftszeiten sind täglich von 10–19 Uhr; viele Supermärkte haben sogar bis 22 Uhr geöffnet. Banken sind normalerweise von 10–15 Uhr geöffnet, am Samstag nur vormittags. Ämter können Sie von 9–17 Uhr, am Freitag bis 14 Uhr besuchen.

In den stärker islamisch geprägten Staaten Kedah, Kelantan, Perlis und Terengganu geht das Wochenende von Donnerstag bis Freitag, dann haben Behörden und Ämter geschlossen, nicht aber Geschäfte und Restaurants! Behörden bleiben zudem an jedem ersten und dritten Samstag im Monat geschlossen.

Post

Hauptpostämter sind Mo–Sa von 8 bis 18 Uhr geöffnet. Ein Brief oder eine Postkarte nach Europa ist mit Luftpost etwa 5 Tage unterwegs. Briefmarken sind auch in Hotels und Souvenirläden erhältlich.

Sicherheit

Malaysia gilt als sicheres Reiseland. Diebstähle oder gar Überfälle auf Touristen sind sehr selten. Trotzdem gilt wie überall auf der Welt: Wertsachen und Papiere gehören in den Hotelsafe. Eine Kopie von Pass und Flugticket sollten separat im Gepäck verstaut sein, oder man kann alle Dokumente digital abfotografiert als E-Mail an sich selbst schicken. Aktuelle Sicherheitsinfos: www.auswaertiges-amt.de. Notrufnummer:

▮ **Polizei:** Tel. 999 (landesweit).
▮ **Rettungswagen, Feuerwehr:**
Tel. 994 (landesweit).

Souvenirs

Zu den beliebtesten Souvenirs gehören Zinn- und Silberwaren aus Perak und Selangor, Batiktextilien von der Ostküste sowie Flechtarbeiten und Holzschnitzereien aus Borneo. Auch die bunten Flugdrachen und die Riesenkreisel sind dekorative Geschenke. Niemand sollte sich scheuen, beim Kauf von Souvenirs zu handeln. Dies ist durchaus üblich, allerdings nicht in staatlichen Läden mit Festpreisen.

Auf den Kauf von präparierten Tieren, ob Schmetterlinge, Spinnen oder Vögel, sollte man aus Artenschutzgründen verzichten.

Eine große Auswahl an schönem Kunsthandwerk finden Sie in Kuala Lumpur (Karyaneka Handicraft Centre und Central Market), in Penang (Jl.

Penang), Kota Bharu (Kampung Kraftangan), Melaka (Jl. Hang Jebat) und Kuching (Jl. Main Bazaar). Auch internationale Markenwaren sind oft günstiger als in Europa und lohnen einen Einkaufsbummel durch die großen Einkaufszentren, v. a. in Kuala Lumpur.

Telefon

Zellen für Auslandsgespräche sind mit *international call* gekennzeichnet. Es gibt zwei weit verbeitete, aber nicht kompatible Telefonkartensysteme: *kadfon* der staatlichen Telekom und die Karten von *uniphone*. Beide werden in Telefonläden und vielen anderen Geschäften verkauft. Für Gespräche nach Europa sollten mindestens 20 RM auf der Karte sein.

Die Vorwahlnummern innerhalb Malaysias gelten jeweils für das gesamte Gebiet und alle Orte des entsprechenden Bundesstaates.

Sie können mit Ihrem Handy wesentlich billiger als über Roaming mit einer einheimischen Karte und Telefonnummer telefonieren. Preiswerte Gespräche im Inland und ins Ausland (mit Sondervorwahl) mit einer Prepaid-SIM-Karte von Hotlink (Maxis, www.hotlink.com.my) oder X-Pax von Celcom (www.celcom.com.my). Innerhalb Malaysias kostet die Minute etwa 40 Sen, ins Ausland ab 20 Sen. In den meisten Orten, in einigen abgelegenen Nationalparks sowie auf den meisten Inseln besteht Empfang.

Internationale Vorwahl von Malaysia nach D: 00 49, A: 00 43, CH: 00 41. Von Europa nach Malaysia: 00 60.

Trinkgeld

Trinkgelder werden weder in Hotels noch in Restaurants erwartet. In Restaurants ist auf der Rechnung bereits eine *service charge* von 10 % berücksichtigt. Gepäckträger oder Zimmermädchen sollten aber ein Trinkgeld bekommen. Taxifahrer in Kuala Lumpur, die mit Taxameter fahren, freuen sich immer, wenn der Gast das Fahrgeld aufrundet, erwartet wird dieses aber nicht.

Währung und Zahlungsmittel

Der malaysische Ringgit (RM) unterteilt sich in 100 Sen. Banknoten gibt es zu 1, 5, 10, 20, 50, 100 und 500 RM, Münzen sind im Nennwert von 1, 5, 12, 20, 50 Sen sowie von 1 RM in Umlauf.

Reiseschecks von American Express, Visa oder Thomas Cook werden von Wechselstuben und den meisten Banken als Zahlungsmittel akzeptiert (pro Scheck fallen geringe Einlösegebühren an); Hotels haben deutlich schlechtere Wechselkurse. Der Reisepass muss vorgelegt werden.

Kreditkarten sind weit verbreitet und werden in großen Hotels, bei Airlines oder Autovermietungen akzeptiert. Bei vielen Banken und an den meisten Geldautomaten kann mit Kreditkarte oder Geldkarte mit Cirrus- oder Maestro-Symbol und Geheimzahl Bargeld abgehoben werden; die Gebühren variieren je nach Karte.

Zeit

Mitteleuropäische Zeit (MEZ) + 7 Std., während der europäischen Sommerzeit sind es nur + 6 Std.

Zollbestimmungen

Waren des persönlichen Bedarfs können zollfrei eingeführt werden. Die Ein- und Ausfuhr von Drogen ist strafbar (s. S. 98). Antiquitäten dürfen nur mit Genehmigung einer Museumsbehörde ausgeführt werden. Die Ausfuhr von gefährdeten Tier- und Pflanzenarten aus Malaysia ist nach dem internationalen Artenschutzabkommen ebenso verboten wie deren Einfuhr in Europa; es drohen Beschlagnahmung und hohe Strafen.

Langenscheidt Mini-Dolmetscher

Allgemeines

Guten Morgen.	Selamat pagi. [səlamat **pa**gi]
Guten Tag. (nachmittag)	Selamat petang. [səlamat pə**tang**]
Hallo!	Hello! [**häl**lo]
Wie geht's?	Apa khabar? [apa khabar]
Danke, gut.	Khabar baik. [khabar baik]
Ich heiße	Nama saya ... [**na**ma **sa**ja]
Auf Wiedersehen	Sampai jumpa [sampai **dsə**humpa]
Morgen	pagi [**pa**gi]
Nachmittag	petang [pə**tang**]
Abend, Nacht	malam [**ma**lam]
morgen	besok / esok [**bə**sok / **e**sok]
heute	hari ini [hari ini]
gestern	kelmarin [kel**ma**rin]
Sprechen Sie Deutsch / Englisch?	Anda bisa bercakap Bahasa Jerman / Inggeris? [**an**da **bi**sa ber**tscha**kap **ba**hasa **dse**herman / **ing**gris]
Wie bitte?	Bagaimana? [bagai**ma**na]
Ich verstehe nicht.	Saya tidak megerti. [**sa**ja **ti**dak mə**ger**ti]
Sagen Sie es bitte nochmal.	Anda bisa ulang sekali lagi. [**an**da **bi**sa **u**lang sə**ka**li **la**gi]
..., bitte	..., silakan / harup / tolong [si**la**kan / **ha**rup / **to**long]
Danke	terima kasih [tə**ri**ma **ka**sih]
Keine Ursache	kembali [kem**ba**li]
was / wer / welcher	apa / siapa / yang mana [apa /si**a**pa / jang **ma**na]
wo / wohin	di mana / ke mana [di **ma**na / ke **ma**na]
wie / wie viel	bagaimana / berapa [bagai**ma**na / bə**ra**pa]
wann / wie lange	bila / berapa lama [**bi**la / bə**ra**pa **la**ma]
Wie heißt das?	Apa namanya? [apa na**man**ja]
Wo ist ...?	Di mana ...? [di **ma**na]
Können Sie mir helfen?	Bisakah anda tolong saya? [**bi**sakah **an**da **to**long **sa**ja]
ja / nein	ya / tidak [**ja** / **ti**dak]
Entschuldigen Sie.	Maaf. [ma·**af**]
Das macht nichts.	Tak apa-apa. [tak apa apa]

Sightseeing

Gibt es hier eine Touristeninformation?	Apakah ada informasi pelancongan di sini? [**a**pakah **a**da in**for**masi pelant**schon**gan di **si**ni]
Haben Sie einen Stadtplan / ein Hotelverzeichnis?	Apakah anda punya peta kota / daftar hotel? [**a**pakah **an**da **pun**ja **pe**ta **ko**ta / **daf**tar **ho**tel]
Wann ist ... ... geöffnet / geschlossen?	Bila... [**bi**la] ... buka / tutup? [**bu**ka / **tu**tup]
das Museum / die Kirche / der Tempel / die Ausstellung	muzium / gereja / tokong / pemeran [**mu**sium / ge**red**seha / **to**kong / pə**mə**ran]

Shopping

Wo gibt es ...?	Di mana ada ...? [di **ma**na **a**da]
Wie viel kostet das?	Berapa harganya? [bə**ra**pa har**gan**ja]
Das ist zu teuer.	Itu terlalu mahal. [**i**tu ter**la**lu **ma**hal]
Das gefällt mir (nicht).	Saya (tidak) suka itu. [**sa**ja (**ti**dak) **su**ka **i**tu]
Gibt es das in einer anderen Farbe / Größe?	Apakah ada yang warnanya / nomor lain? [**a**pakah **a**da jang uar**nan**ja / **no**mor **lain**]
Ich nehme es.	Saya ambil yang ini. [**sa**ja **am**bil jang **i**ni]
Wo ist eine Bank?	Di mana ada bank? [di **ma**na **a**da bank]
Geben Sie mir 100 g davon / zwei Kilo...	Saya minta seratus gram dari itu / dua kilo... [**sa**ja **min**ta se**ra**tus gram **da**ri **i**tu / **du**a **ki**lo]
Haben Sie englische Zeitungen?	Apakah ada surat kabar Inggeris? [**a**pakah **a**da su**rat ka**bar **dse**herman]
Wo kann ich telefonieren / Telefonkarten kaufen?	Di mana saya bisa talipon / membeli kartu talipon? [di **ma**na **sa**ja **bi**sa **ta**lipon / mə**mbe**li **kar**tu **ta**lipon]

Notfälle

Ich brauche einen Arzt / Zahnarzt.	Saya perlu doktor / doktor gigi. [**sa**ja **per**lu **dok**tor / **dok**tor **gi**gi]

Rufen Sie bitte einen Kranken-wagen / die Polizei. — Tolong panggilkan ambulans / polis. [tolong panggilkan ambulans / polis]

Wir hatten einen Unfall. — Kami mendapat kecelakaan. [kami məndapat ketschelaka·an]

Wo ist das nächste Polizeirevier? — Di mana balai polis yang terdekat? [di mana balai polis jang terdəkat]

Ich bin bestohlen worden. — Saya kecurian. [saja kətschurian]

Mein Auto ist aufgebrochen worden. — Kereta saya dirusak. [kəreta saja dirusak]

Essen und Trinken

Die Speisekarte, bitte.	Tolong, daftar makanan. [tolong, daftar makanan]
Brot	roti [roti]
Kaffee (schwarz)	kopi (kosong) [kopi (kosong)]
Tee (ohne Milch / Zucker)	teh (oh) [teh (oh)]
Orangensaft	air oren [a·ir orən]
Mehr Kaffee, bitte.	Tolong, kopi lagi. [tolong, kopi lagi]
Suppe	sup [sup]
Fisch / Seafood	ikan / makanan laut [ikan / makanan la·ut]
Fleisch / Geflügel	daging / ayam [daging / ajam]
vegetarische Gerichte	makanan vegetaris [makanan vegetaris]
Gemüse	sayuran [sajuran]
Eier	telur [telur]
Salat	selada [səlada]
Kuchen / Süßspeisen	kuih / manis-manisan [kuih / manis_manisan]
Obst	buah-buahan [buah_buahan]
Speiseeis	aiskrim [ajskrim]
Wein	wain [uain]
weiß / rot	putih / merah [putih / mərah]
Bier	bir [bir]
(Trink)wasser	air (minum) [a·ir (minum)]
Mineralwasser	air mineral [a·ir mineral]
mit / ohne Kohlensäure	dengan / tanpa gas [dengan / tanpa gas]
Limonade	air limau (= Limonensaft) [a·ir limau], sonst: fanta, sprite [fanta, sprait]
Frühstück	makan pagi [makan pagi]
Mittagessen	makan siang [makan siang]

Abendessen	makan malam [makan malam]
eine Kleinigkeit	makanan kecil [makanan ketschil]
Ich möchte bezahlen.	Saya inggin bayar. [saja inggin bajar]
Es war sehr gut / nicht so gut.	Enak sekali. / Tidak begitu enak. [enak səkali / tidak bəgitu enak]

Im Hotel

Ich suche ein gutes Hotel.	Saya mencari hotel yang baik. [saja məntschari hotel jang ba·ik]
Ich suche ein nicht zu teures Hotel.	Saya mencari hotel yang tidak terlalu mahal. [saja məntschari hotel jang tidak terlalu mahal]
Ich habe ein Zimmer reserviert.	Saya telah memesan bilik. [saja telah məmesan bilik]
Ich suche ein Zimmer für ... Personen.	Saya mencari bilik untuk ... orang. [saja məntschari bilik untuk ... orang]
Mit Dusche und Toilette.	Dengan shower dan tandas. [dengan schaua dan tandas]
Mit Balkon / Blick aufs Meer.	Dengan balkon / pemandangan ke laut. [dengan balkon / pəmandangan ke la·ut]
Wie viel kostet das Zimmer pro Nacht?	Berapa harganya bilik ini untuk satu malam? [bərapa harganja bilik ini untuk satu malam]
Mit Frühstück?	Dengan makan pagi? [dengan makan pagi]
Kann ich das Zimmer sehen?	Bisakah saya melihat bilik itu? [bisakah saja melihat bilik itu]
Haben Sie ein anderes Zimmer?	Apakah ada bilik lain? [apakah ada bilik lain]
Das Zimmer gefällt mir (nicht).	Saya (tidak) suka bilik ini. [saja (tidak) suka bilik ini]
Kann ich mit Kreditkarte bezahlen?	Apakah bisa bayar dengan kartu kredit? [apakah bisa bajar dengan kartu kredit]
Wo kann ich parken?	Di mana saya boleh parkir? [di mana saja boleh parkir]
Können Sie das Gepäck in mein Zimmer bringen?	Apakah anda bisa membawa barang-barang ini ke bilik saya? [apakah anda bisa membaua barang barang ini ke bilik saja]

Personenregister

Der kompakte Reiseführer für rund 150 Reiseziele

Bitte achten Sie auch auf unsere Neuerscheinungen:

Urlaubskasse

Tasse Kaffee	0,25–1,75 €
Softdrink	0,30–1 €
Flasche Bier (0,6 l)	ab 2,50 €
10 Satespießchen	ab 0,80 €
Kugel Eis	1 €
Taxifahrt (pro Km)	ab 0,20 €
Mietwagen/Tag	ab 30€
1 l Superbenzin	0,40 €

www.polyglott.de   travelchannel.de

**Polyglott im Internet: www.polyglott.de,
im travelchannel unter www.travelchannel.de**

Alle Informationen stammen aus zuverlässigen Quellen und wurden
sorgfältig geprüft. Für ihre Vollständigkeit und Richtigkeit können wir jedoch
keine Haftung übernehmen.
Ergänzende Anregungen bitten wir zu richten an:
Polyglott Verlag, Redaktion, Postfach 40 11 20, 80711 München.
E-Mail: redaktion@polyglott.de

Impressum

Herausgeber: Polyglott-Redaktion
Autor: Frank R. Holl
Lektorat: Cornelia Richter-Machicao und Polyglott-Redaktion
Bearbeitung: Renate Loose
Layout: Ute Weber, Geretsried
Titelkonzept-Design: Studio Schübel Werbeagentur GmbH, München
Satz Special: Carmen Marchwinski, München
Karten und Pläne: Thomas Willmann
Satz: Tim Schulz, Hamburg
Druck: Himmer AG, Augsburg

© 2008 by Polyglott Verlag GmbH, München
Printed in Germany
Dieses Buch wurde auf chlorfrei gebleichtem Papier gedruckt.
ISBN 978-3-493-56374-5

Infos zu Städten und Touren

Kuala Lumpur
Highlights: **Petronas Twin Towers, Fernsehturm (Menara KL), *Sultan-Abdul-Samad-Gebäude, *Jame-Moschee, Chinatown mit Central Market und *Nachtmarkt, *Sri-Mahamariamman-Tempel, *National-moschee, **Islamic Art Museum, Ausfüge zu den *Batu-Höhlen und nach Putra Jaya.

*Penang
Highlights: **Georgetown mit dem Heritage Trail, dem **Penang-Muse-um, dem chinesischen **Khoo Kongsi und dem *Cheong Fatt Tze Mansion; *Penang Hill, **Kek-Lok-Si-Tempel, Tropical Spice Garden.

*Langkawi
Highlights: *Underwater World, **mit der Seilbahn auf den höchsten Berg, die Strände *Pantai Cenang, Pantai Tengah und Pantai Kok; Atma Alam Batik Art Village, Datai-Bucht, Kompleks Langkawi Kraf, Strand von Tanjung Rhu.

**Taman Negara
Highlights: Wanderungen, der **Canopy Walkway in luftiger Höhe, Fledermaushöhle Gua Telinga, *Bootsfahrten auf dem Sungai Tahan und dem Sungai Tembeling, Tierbeobachtungen auf Hoch-ständen, Trekkingtour auf den Gunung Tahan.

Sabah
Kota Kinabalu ➔ **Gunung Kinabalu ➔ Sandakan ➔ *Sepilok ➔ **Sipadan
Highlights: Die Hauptstadt Kota Kinabalu mit dem *Sabah-Museum, Tauchen und Schnorcheln im Tunku-Abdul-Rahman-Nationalpark, farbenprächtiger Wochenmarkt in Kota Belud, UNESCO-Weltnatur-erbe ***Gunung-Kinabalu-National-park, *heiße Quellen in Poring, *Orang-Utan-Aufzuchtstation in Sepilok, Schildkröten im *Turtle-Islands-Park, Taucherparadies **Sipadan und andere Inseln in der Sulu-See.